国家出版基金项目
NATIONAL PUBLICATION FOUNDATION

闲暇趣玩

江南风俗图录

娱艺体育卷

博弈场中的游艺方圆

第7卷

Illustrated Chronicles of
Jiangnan Customs

- Vol. 7 -

Fighting Crickets and Swinging Diabolo

仲富兰 著

上海辞书出版社

江南风俗图录·第7卷·闲暇趣玩

辞书微信公众号二维码

本书为《江南风俗图录（1840—1949）》分卷之一。整套书随附别册，内容涵盖《江南风俗图录》全书总览及各分卷简介、十卷本内在关联分析与跨学科阐释、与仲富兰民俗学研究脉络的勾连、核心参考文献汇释、仲富兰民俗文化学学术著述系年，另收录总序、后记等文稿。为便于读者共享别册内容，上海辞书出版社公众号设“《江南风俗图录》别册” 专题，供各界参阅。

“十四五”国家重点出版物出版规划项目

国家出版基金资助项目

上海文化发展基金会图书出版专项基金资助项目

仲富兰

当代民俗学家。上海人。毕业于复旦大学哲学系。华东师范大学教授、博士生导师，上海市民俗文化学会创始会长及名誉会长，中国民俗文化学科的开拓者和奠基人。1986年至今已出版《中国民俗文化学导论》、《中国民俗学通论》（三卷本）、《上海六千年》（三卷本）、《图说中国近百年社会变迁》（四卷本）、《民俗传播学》、《江南风俗与信仰》、《上海民俗——民俗文化视野下的上海日常生活》、《上海小史》、《节日里的中国》、《图说中国人生礼仪》等50多部著述，部分被译为英、俄、日、韩等国文字在国外出版。承担“十四五”国家重点出版物出版规划项目《江南风俗图录（1840 —1949）》（全十卷）及上海市相关文创研究课题。 2019年起主编《民俗掌故日历》（上海辞书出版社，至今共计7版）。另有大量论文和文章散见于海内外报章期刊。

Zhong Fulan

A contemporary folklorist from Shanghai. He graduated from the Department of Philosophy at Fudan University and is currently a professor and doctoral supervisor at East China Normal University. He is the founding president and honorary president of the Shanghai Society of Folk Culture Studies, and a pioneering and foundational figure in the academic field of Chinese folk culture.

He has published over 50 works since 1986, including *An Introduction to Chinese Folklore*, *General Theory of Chinese Folk Culture* (three volumes), *Six Thousand Years of Shanghai* (three volumes), *Illustrated History of Social Changes in Modern China* (four volumes), *Folklore Communication Studies*, *Jiangnan Customs and Beliefs, Shanghai Folkloristics: Daily Life in Shanghai through the Lens of Folk Culture*, *A Brief History of Shanghai*, *China in Its Festivals*, and *An Illustrated Guide to Chinese Rites of Passage*. Several of these have been translated into English, Russian, Japanese, Korean, and other languages for international publication.

He is leading a major national publishing project under the 14th Five-Year Plan: Illustrated Chronicles of *Jiangnan Customs (1840–1949)* (ten volumes), as well as related cultural and creative research initiatives in Shanghai. Since 2019, he has served as editor-in-chief of *The Almanac of Folk Culture and Anecdotes* (Shanghai Lexicographical Publishing House), which has been released seven editions to date. His numerous papers and articles have appeared in newspapers and joumals both in China and abroad.

光影铭沧桑

图卷展风华

目录

概述……009

第一章
多样化的地方戏曲形态
023

元宵演剧到春残——古老戏台……025
来从京国更风华——海派京剧……030
南市宏开新舞台——新剧兴起……034
丝铜争唱打洋琴——本地滩簧……038
滑稽戏出千人笑——滑稽幽默……042
家歌户唱寻常事——江南戏曲……046
月子弯弯照九州——歌谣吟唱……050
佛前宣卷声琅琅——俗讲演唱……054
出奇制胜效梨园——戏迷票友……057

第二章
电影产业诞生与娱乐文化
061

西洋影戏沪上传——电影诞生……063
电影产业始开篇——影戏生产……067
影片连映人潮涌——影院剧场……071
宜有高楼贮美人——电影明星……074
十里洋场春似海——综合艺术……078
红男绿女斗繁华——影戏乐园……082
剑影刀光侠客行——武侠影像……086
秋光荏苒休孤负——光影荏苒……089
电影传来新思想——思想产业……093

第三章

西式博彩娱乐与市民休闲生活

097

年年赛马在春秋——*赛马跑狗*……099
玉手轻抛银弹去——*台球落袋*……102
西人爱上打球场——*回力球场*……106
弦上音韵诉衷肠——*梵铃演奏*……109
吾爱此天上人间——*舞厅之门*……112
花园静谧景清幽——*游夜花园*……116
秋来虫市最繁华——*秋日玩虫*……120
真假难辨心惶惶——*鬼市捡漏*……123
花开红树乱莺啼——*养鸟赏花*……127

第四章

异域消遣新风尚的“西洋镜”

131

洞里乾坤藉显微——*看西洋镜*……133
如飞打桨赛行船——*初识赛艇*……136
搏浪迎波处世同——*游泳健身*……140
西人幻术海东来——*杂技魔术*……143
球场绿草如茵铺——*打高尔夫*……147
方寸之间天地宽——*集邮流行*……151
洋场十里响爵士——*爵士乐队*……154
儿童争先试枪法——*射击运动*……158
健骨清姿映日红——*露肌健美*……161

第五章

武术竞技与体育的流行

165

纵死犹闻侠骨香——*武术传习*……167
鸣鞘声里绣旗红——*尚武精神*……170
学界开通尚武风——*国术体操*……173
一门武达更文通——*技击考试*……177
张园比武术兼操——*打擂比武*……181
精武精神耀沪城——*精武体育*……184
旁观拍手笑声哗——*基层赛事*……188
蹴鞠场边万人看——*运动赛事*……192
道傍舞剑飞春雪——*亮相奥运*……196

第六章

五光十色的街头演艺

201

多少游人不忆家——*街头杂耍* 203
卖艺生涯岁月艰——*江湖卖艺* 207
何如买取胡孙弄——*驯兽驯禽* 211
经卷高宣法器响——*说唱经卷* 215
卖药萧然大道旁——*拳师卖药* 218
幻术曾闻殷七传——*戏法奇幻* 222
戏台高筑市廛空——*小戏棚子* 225
补还瞎子重开卷——*盲人卖唱* 229
丝竹声声诉凄凉——*乐师演奏* 232

第七章

游艺活动与民间玩具

237

盘式长台六尺方——*弹子三说* 239
儿童妙具双钩手——*弄堂游戏* 242
七夕穿针兴若何——*节令聚戏* 246
茶寮酒肆额纷题——*酒令茶令* 250
春灯谜语耐人猜——*猜谜助兴* 253
无人提挈漫徒劳——*扯铃嗡嗡* 257
尽放风筝插杏花——*风筝放飞* 260
对河车马夜枰棋——*手谈对弈* 263
抟粉范泥夺化工——*泥塑耍货* 267

概述

江南地区的经济成就，在明清时期，对于全国的贡献非常突出。以清康熙年间苏南的赋税而言，就一度占据清政府财赋的一半以上。江南既为经济重地，又为人文渊薮，松江府“衣被天下”，曹雪芹在《红楼梦》中称誉苏州“乃红尘中第一等富贵风流之地”“堆金积玉地，温柔富贵乡”，文化娱乐业兴盛，堪称中国文化的中心。经济的繁荣和商品经济的发展，使江南地区的社会结构和人们的生活观念都发生了很大变化，影响所及，戏曲歌舞和戏曲艺术生活也空前繁盛。

一、江南文化资源与多样化的戏曲形态

江南戏曲是中华传统文化十分重要的组成部分，也是江南地区独具特色的传统文化遗产，发源于江南昆山的昆曲，至今已有600多年的历史，被称为“百戏之祖，百戏之师”。昆曲的表演，有它独特的体系、风格，它最大的特点是抒情性强、动作细腻，歌唱与舞蹈的身段结合得巧妙而和谐。许多地方剧种都受到昆剧艺术多方面的哺育和滋养。

清代徐崧和张大纯编纂的苏州地方文献专集《百城烟水》，称得上一部全面记录当时苏州地区社会人文的“百科全书”。徐崧是吴江人，生于明末清初，素负诗名，一生好游山水名胜，实地踏勘，详考古今。他开始编撰《百城烟水》，但未竟其业而卒。张大纯是长洲（今江苏苏州）人，在徐崧去世后，将《百城烟水》完成，全书共9卷。该书体例仿照宋代祝穆《方舆胜览》、明代陈循等编纂的《寰宇通志》，内容记述当时苏州府及其所属的吴县、长洲、吴江、常熟、昆山、嘉定、太仓、崇明等各州县的山川形胜、寺观名刹、园林宅第、名胜古迹等，还辑录了自唐宋以来，特别是明末清初诗家的登临怀古之作等，并有明末清初的政治遗闻、社会人事、风土人情等内容。城镇出现以后，戏曲活动就凸显了文人化和商业化的色彩，尤其是文人文化构成了戏曲文化的重要一翼。苏南浙北，民间文化在戏曲文化中占据着主流地位，作为民间文化重要表现形式之一的戏曲，其诸多元素皆源自民间。民间故事、传说、习俗等为戏曲创作提供了无尽的素材，赋予了戏曲深厚的文化底蕴。无论是人物形象塑造，还是曲折的剧情架构，都与民间文化紧密相连，特别是民间诸如“香火”

之类的祭祀活动，构成了民间戏曲生存发展的重要文化背景。

清代，扬州盐商文化与江南戏曲文化互动，盐商们财大气粗，喜欢灯红酒绿，促使扬州出现了发达的戏曲艺术，他们一掷千金请名角儿，搭建豪华戏台，让戏曲在扬州大放异彩。盐商的聚会少不了戏曲助兴，演员们在盐商的支持下也不断磨炼技艺。伴随着康熙、乾隆十几次的下江南活动，盐商出于迎銮的需要，不惜重金礼聘演员和文人打磨戏本。“官”“商”“戏”互动多赢，独树一帜的戏曲文化形态和丰富且独特的多层文化质态由此形成。其中，文人文化在戏曲中得以彰显，文人的志趣、才情与思想通过细腻的唱词和精妙的表演展现得淋漓尽致。市民文化亦在其中占据重要地位，市井生活的百态，使戏曲更具生活气息与亲和力。商业文化的融入，又为戏曲的发展提供了坚实的经济基础，促进了其繁荣与传播。而民间文化则犹如根基一般，赋予了戏曲深厚的底蕴和广泛的群众基础，让其能深深扎根于民间。这些不同层面的文化质态相互交融、相互促进，共同塑造了戏曲文化的绚烂多彩与博大精深，使其成为中华民族文化宝库中璀璨的明珠。

戏曲，包含戏剧与曲艺，江南曲艺源远流长，种类繁多，展现出独特的艺术魅力。评弹，无疑是江南曲艺中极具代表性的一门。演员通过说噱弹唱，将故事娓娓道来，吴侬软语的韵味，琵琶与三弦的绝妙配合，令人沉浸其中，感受着江南的风情与雅致。再以滑稽戏为例，它以幽默诙谐的表演风格深受观众喜爱。通过夸张的动作、搞笑的情节和生动的语言，反映社会现实和百姓生活，给人们带来欢乐与思考。

上海独脚戏与滑稽戏有关联，从历史发展来看，20世纪20年代，上海文明戏艺人王无能开始以一人表演多种形式（说笑话、讲故事、唱京戏、学方言等）自称独脚戏。后来有江笑笑、刘春山等著名艺人，在20世纪二三十年代将独脚戏发展兴盛。到1942年左右，由于太平洋战争爆发等因素，独脚戏艺人谋生困难，于是江笑笑等发起和组织了演出有故事情节和扮演人物的正本大戏，如《一碗饭》等，随后众多独脚戏艺人组织滑稽戏剧团，从此滑稽戏诞生。此后很多演员是独脚戏与滑稽戏一身二任。滑稽戏是戏剧形式，演员人数一般较多（虽然早期是从独脚戏演员发展而来演滑稽戏，但后来形成剧团等演出规模），以演喜剧性的故事情节为主，在笑声中揭示戏剧性的矛盾冲突，展现人物性格。语言上有喜剧性语言特色，用大量的喜剧性语言来达到喜剧效果。

此外，还有沪剧、苏剧、甬剧、越剧、淮剧、锡剧等诸多门类，它们共同构成了江南丰富多彩的戏曲世界。这些戏曲形式不仅是艺术的瑰宝，更是江南文化的重要载体，传承着江南人民的智慧与情感，见证着江南地区的历史变迁与发展。自它们诞生以后，在漫长岁月的磨砺中，尽管经历了不少艰难曲折，但至今依然熠熠生辉。

江南戏曲融合了江南地区的语言特色、风俗习惯和人文精神。在文人文化方面，许多文人墨客对戏曲曲艺的创作和表演给予了高度关注和参与，使它承载起了丰富的历史文化内涵。他们以精湛的文字功底，创作出充满诗意和哲理的快板作品，赋予了这一艺术形式更高的文化品位和艺术价值。在市民文化层面，快板曲艺贴近百姓生活，反映着市民的喜怒哀乐、悲欢离合。它以通俗易懂的语言和生动活泼的表演，讲述着市井百姓的故事和传说，让人们在欢笑与感动中产生共鸣。这种市民文化使得快板曲艺具有广泛的群众基础，成为人们日常生活中不可或缺的一部分。

商业文化在江南快板曲艺的发展中也起到了重要作用。繁华的商业活动为快板曲艺提供了展示的舞台和发展的机遇。艺人们在商业场所表演，吸引着众多观众，同时也通过商业赞助和演出收入推动了自身的发展。商业的繁荣促进了戏曲曲艺的交流与传播，使其在更广泛的范围内被人们所熟知和喜爱。民间文化更是江南戏曲曲艺的根基所在。它源自民间，传承于民间，蕴含着民间的智慧和创造力。民间故事、传说、歌谣等元素都融入快板曲艺中，使其具有浓厚的地域特色和民族风格。艺人们通过口口相传的方式，将这些民间文化瑰宝传承下来，让后人能够领略到先辈们的文化遗产。

江南戏曲曲艺的多层质态，相互交织、相互影响，共同构建了一个丰富多彩、充满活力的艺术世界。它不仅是一种艺术表演形式，更是江南民众精神生活的重要体现。

二、电影产业诞生与娱乐文化进步

电影诞生时，在欧美国家只是“一种集体的娱乐形式”，一桩“小型游乐场生意”，但它传入中国恰逢“甲午战败，割台湾、偿二百兆以后”，而颇有见识的梁启超在《戊戌政变记》中则说这是“吾国四千余年大梦之唤醒”。那时候的舆论，有一种值得重视的倾向，是在肯定电影的游戏娱乐价值的同时，也不同程度地赋予它在同时期“泰西诸国”所乏见的“开通智识”之知识性价值。

1905 年，电影在上海这片充满活力与机遇的土地上出现，这一具有里程碑意义的事件，如同璀璨星辰在历史的天空中闪耀，开启了中国电影发展的新纪元，迅速在上海形成了多方面的产业格局。从制作环节来看，专业的电影制片厂如雨后春笋般涌现，会聚了众多优秀的导演、编剧、演员以及各类技术人才，他们怀揣着对艺术的执着追求和创新精神，共同打造出一部部经典之作。在拍摄技术上不断探索与突破，力求呈现出最完美的视觉效果和最动人的故事叙述。上海还在电影发行与放映方面，构建起了庞大而完善的网络。众多的电影院在城市的各个角落矗立，为观众提供了丰富多样的选择。发行商们凭借敏锐的市场洞察力和卓越的运营能力，将电影推向更广泛的受众群体。这不仅促进了电影市场的繁荣，也使得电影艺术能够深入到社会的各个层面，影响着人们的生活与观念。

电影的产业链很长，它还带动了相关产业的蓬勃发展。服装、道具、舞美制作行业随之兴起，为电影的拍摄提供了丰富的物质支持。后期制作领域也日益扩大，特效制作、剪辑、配音等专业服务不断提升。同时，电影的宣传与推广也催生了广告、公关等行业的发展，形成了全方位的宣传推广体系。

此外，电影产业的发展还对文化交流起到了重要的推动作用。上海作为国际化大都市，吸引着来自世界各地的电影人和作品，促进了不同文化之间的碰撞与融合。中国的电影也通过上海这个窗口走向世界，向全球展示着中国的文化魅力和艺术风采。

电影产业的诞生，对娱乐文化进步起到了巨大的推动作用，它为人们提供了全新的娱乐方式，使大众能够在银幕上领略各种奇幻的故事和精彩的视觉体验。例如，早期的电影吸引了大量观众走进影院，形成了一种集体性的娱乐活动，让人们对动态影像的魅力深感震撼，引发了广泛的讨论和追捧，进一步激发了人们对于娱乐文化的热情和探索欲望。

同时，电影产业的发展也促进了相关艺术形式的融合与创新。舞台表演、音乐等元素与电影的结合更加紧密，为娱乐文化增添了更多元的表现形式和内涵。电影明星的出现，更是成为大众追捧的对象，他们的形象和风格影响着当时的时尚潮流和审美观念，成为娱乐文化中不可或缺的一部分。电影产业的诞生无疑在娱乐文化发展史上具有重要的里程碑意义。

三、西式博彩娱乐与异域消遣新风尚

清末及至民国，西方博彩娱乐方式曾对上海人传统的娱乐方式产生了意义深远的影响。如赛马和跑狗，这些原本属于西方社会的娱乐形式，当它们踏上中国这片古老的土地，便开始展现出其独特的影响力。这些新颖的娱乐活动迅速吸引了众多中国人的目光，赛马场上，骏马奔腾，观众们沉浸在激烈的比赛氛围中，感受着速度与激情的碰撞。跑狗场上，敏捷的赛犬如离弦之箭般疾驰，人们为它们的精彩表演而欢呼喝彩，这些场景给中国人带来了前所未有的视觉冲击，它们的传入，在更深层次上影响着中国人的娱乐消遣方式，带来了新的观念与思维，让中国人开始接触和接纳不同文化背景下的娱乐形式。

同时，这些西方娱乐方式的传入也促进了中西文化的交流与融合。中国人在欣赏和参与这些娱乐活动的过程中，不断汲取其中的精华，将其与本土的文化元素相结合，创造出具有独特风格的新的娱乐形式。它们作为历史的见证者，记录了那个特殊时期西方文化与中国文化相互碰撞与融合的历程，成为中国娱乐史上不可忽视的重要篇章。

落袋台球则以其独特的竞技性和趣味性，成为人们闲暇时光的消遣选择；回力球场，作为曾经的标志性场所，承载着无数人的欢乐与悲哀；梵铃演奏以其悠扬的旋律，为这座城市增添了一份独特的艺术氛围，而百乐门舞厅则展现出了上海的繁华与浪漫，那灵动的舞姿和绚烂的灯光，构成了一道独特的风景线……张园游艺带来了无尽的欢愉与惊喜，让人们在游玩中释放压力，享受生活的美好。游夜花园则营造出一种宁静而神秘的氛围，让人仿佛置身于梦幻之境。酒吧夜店的兴起，为上海的夜晚注入了新的活力，人们在这里尽情释放自我，享受着现代生活的节奏。鬼市捡漏更是充满了未知与期待，让人在寻觅中体验到别样的乐趣。

西方博彩文化的传入，它与上海本土的传统娱乐方式相结合，虽然在一定程度上给上海带来所谓的“繁荣”和文化的多元性，但也带来诸多负面问题，如社会道德风气的败坏、贫富差距的拉大等，对上海的城市发展和社会进步产生了复杂而深远的影响。

四、江南民众娱乐游艺的新气象

我国古代的“游艺”内涵丰富，通常指人们在闲暇时间进行的娱乐和技艺活动，具有消遣、娱乐、锻炼身心和人际交流等功能。常见的游艺包含棋类、投壶、斗鸡、养鸟、玩虫、蹴鞠、秋千、放风筝、射箭、斗草、灯谜等。这些游艺活动在我国具有悠久的历史、丰富的内容和多彩的形式。近百年来，因社会生产和生活形式的急剧变革和西方文化的广泛传播等原因，民众游艺活动也随之出现新的气象，其基本特征是传统性游艺在形式上得到继承而在内容上趋向更新，同时更多地接受西方文化的熏染，引进和发展起一批新兴项目，呈现出新旧冲撞、中西融合的绚丽景观。

我国传统的民众游艺场所向以宫观寺庙和古迹名胜为中心，如上海的城隍庙、南京的夫子庙、苏州的玄妙观等，它们以富有民族特色而为一般百姓所喜爱，当中国社会进入近代以后，也依然在发挥着丰富民众文化娱乐生活的作用。除传统庙会之外，引人注目的是随着通商事业的发达和商业社会的形成，在许多城市里又出现了融商贸文娱于一体的新兴的大众游艺，诸如各种曲艺、杂耍、技巧、百戏和民间风味小吃、传统工艺品日用品买卖等荟萃一处，水乡社戏、船上迎亲、添财加薪……一个个如同情景秀般构成了喜庆、祥和、淳朴的水乡古镇风情，流露出浓浓的江南水乡的文化底蕴，同样为民众所喜闻乐见。

早期的传统游艺场所，在欧风美雨熏陶下出现新鲜事象，譬如电话机、电风扇等一些首先在西方发明的通信用具和生活用品，在最初传入我国时都曾充当过可操作性或观赏性的游艺项目，而由欧美、日本等外洋民间艺人来华表演的西洋魔术与东洋戏等，也曾使国人大开眼界而叹为观止。外侨游艺场所的示范作用。广泛开设于通商口岸和租界内外国侨民的娱乐场所，其中尤以形形色色的欧美式总会的出现引人注目。这些总会、俱乐部会所的建造均很讲究，外观多采用古典风格、内有舞厅、乐池、酒吧、弹子房等多种设施。此外如上海的汇中饭店、礼查饭店等，也多有舞厅、弹子房等齐全的游艺设备。西方侨民们在总会里拉琴奏曲、唱歌跳舞、玩球斗牌，恣意欢娱，使之成为西方娱乐方式的综合载体，很快在中国人中间产生了积极的文化效应。从19世纪末到20世纪初，如上海张园等第一批由私家园林发展起来而又配置有西式项目的新型游艺场所在中国出现了。

民国期间，现代中国民众游艺生活的进步在提速，特别是20世纪二三十年代，随着人民对近代化生活方式包括娱乐方式需求的不断增强，各大中城市相继掀起了一股兴建带有近现代特色的综合性娱乐场所的高潮。除附属于一些大型百货公司（如上海南京路的四大百货公司等）和商场中心的娱乐场所以外，专门的、集多种游艺功能于一幢建筑物内的娱乐场所也相继出现。1917年建造的上海大世界，便是这种典型之作。起初，它是一幢普通的二层砖木结构建筑，1929年改建为钢筋混凝土结构的四层楼房，二、三、四层均安排娱乐室、茶室、休息室，场内还建有一露天舞台，四层屋顶也可以作露天剧场之用，屋顶中部还建有一四层高塔，用于招揽顾客之用，以包罗万象的娱乐内容，迎合各方面顾客的爱好和需求。

20世纪20年代前后，各种新式戏院舞台也在上海、南京、杭州等地建造。这种新式剧院较旧式戏院，一个显著的特点是注意采光、音响、地面坡度等各方面因素，以更适合文艺表演和观赏。上海共舞台有“机关布景”的设置，天蟾舞台、大舞台等剧场舞台上都有自动水帘和专门的灯光设备。个别建造特别考究的剧场，如上海兰心大戏院等，座位宽敞舒服，视听效果皆佳，还有休息大厅，但一般观众很难享用。

在新型游艺项目引进和推广以后，近代以来新引进的游艺活动种类不少，诸如舞蹈活动类、游戏活动类、竞技活动类等。但各阶层所热衷的目标不尽一致。

西方的交际舞，或由我国出国人员返国时带回，或由洋人直接携入。据知，晚清慈禧太后的御前女官——裕庚夫人和她的两个女儿德龄、容龄都会跳交际舞。裕庚曾出使法国，他的美国夫人常携带两个女儿出入上层社会的宴会和舞会。她们随裕庚回国后，曾为慈禧太后等人表演过交际舞。在德龄的手风琴伴奏下，容龄欢快、活泼的异国情调的舞步，曾使清廷官员大开眼界，慈禧也觉新鲜。但尽管如此，西方的交际舞并没有在封建的宫廷中推广开来。

西方舞蹈比较集中的出现地是上海。在外白渡桥旁的礼查饭店以及卡尔登剧场，外国人的舞会经常举行。大致到1922年，上海“一品香”旅行社仿照礼查饭店和卡尔登剧场的做法，办起交际舞茶座，这种交际舞终于逐步由上层社会传播至其他阶层，一些高级舞厅也相继建立起来。1931年建的上海百乐门舞厅，舞池为弹簧地板，设备和装修都十分讲究。正在西方风行的华尔兹、伦巴、探戈、小步舞已成为舞场上的主要内容。当时，一些酒吧、舞厅还不时响起异常刺激的爵士乐，在怪诞离奇的音乐乐调的伴奏下，人们的舞步也百态奇出。

各种西方室内生活游戏、智能游戏和棋牌、博戏的引进，是近百年来西方文化在中国广为传播的又一重要内容。其中影响最广者尤推扑克，以玩法多变、条件简便和费用低廉而广受各个阶层的欢迎，特别是定约桥牌，在上流社会形成热门。此外如高尔夫球、桌球（即打弹子）、国际象棋等也是上层社会所喜爱的活动，而康乐球、跳棋等则在下层社会风行。

赛马和跑狗是西方人的娱乐活动方式，比较起中国人传统的斗禽斗虫之戏，更富有刺激性和观赏性，是以外侨最初在他们自己圈子里所举办的赛马活动，从一开始便引起了国人的极大兴趣，不少士人将此题材咏入诗歌等文学体裁，作为租界新鲜景观之一。从20世纪初起，已在上海营业40多年的洋资跑马厅始对中国人正式开放，成千上万的市民立即为之所吸引，跑马厅仅门票收入就高达每年10万银元。赛马时万头攒动、群情亢奋的盛况，竟然丝毫不亚于这种娱乐方式的西洋故土。

依附于赛马的跑马票和香槟票，颇能迎合许多市民因商业社会环境熏陶而产生的冒险和投机心理，销势渐旺。特别是香槟票，除了在上海大量销售外，还在各地设有分销处，连许多街头巷尾的烟杂店都代为销售，庶几可见人们对此之热衷程度。此外，每年11月底到次年3月初，还有在郊外举行的名为“撒纸赛马”的越野赛事举行。将旅馆、餐厅、舞池与赛事等多种功能融于一体的法商跑狗场，于1928年在上海对外营业，养狗最多时达1 500余条，均由国外进口。凡申请成为跑狗场会员者可凭证入场，余则购票观赛。和赛马类似，赛狗跑狗也和押注摇奖等博术相结合，花色层出，安装在餐厅舞厅内的电动设备能使买狗票者及时了解比赛情况；无论是看台上或赛场外，跑狗的号码、速度与狗票彩金等都成为相当一部分观赛者津津乐道的话题。

打回力球原是一种体育活动，从20世纪初起，在欧美各国发展为一种观众参与性的博戏型娱乐活动，一时风行，并从30年代起蔓延到中国，在上海、天津、汉口等重要商埠，都相继出现了外商经营的回力球场。国人既为其运动量大、紧张热烈和变化莫测所吸引，又为其参与性强、富有刺激所煽惑，一时趋之若鹜，营业额竟可高达每月近200万元。当时在上海回力球场运用最多的赛式有单打、双打、红蓝大赛和香槟共4种，各种博赛票的推销一直从场内延伸到场外。赛马、跑狗和回力球三项大型博戏性进口游艺活动方式，在煽惑起市民们如痴如狂的观赏和参与热情的同时，也造成了不少赌徒型看客沉溺其间而不能自拔，甚至导致倾家荡产的严重后果，为此，它们经常是舆论谴责的对象。

集藏是中国人传统的消遣性娱乐方式，近百年来，因社会生活方式的变更和受西方文化影响而发生显著变化，其基本特征是集藏对象已由碑刻拓片、金石印章、名人字画、陶瓷玉器等内容向着邮票火花、柬帖贺卡、钟表商标、报纸文具等方面拓宽，不少品种加入了国际性集藏娱乐的潮流。同时，集藏娱乐已日益由士绅阶层的雅玩趋向大众化，许多爱好者结成团体，创办刊物，举办交流与观摩活动，连同同样在西方文化感染下，在内容与形式上都不断得到更新的花鸟虫鱼的培育赏玩活动一起，为近代社会民众娱乐生活注入了新的活力。

五、近代体育事业的产生和发展

体育是一项内容极为丰富的社会活动，中国传统体育项目分别与军事训练或闲暇娱乐相结合，积累有相当丰富的遗产；而以健体练身为目的的一些项目，如导引、气功和按摩等，则长期囿于养生或医学领域。主要以竞技和健身为目的、并同近代自然科学发展相联系的新式体育事业在中国的产生和发展，应该说是在19世纪中叶起，其历史背景是社会生产生活方式和观念形态的剧烈变更。

国门乍开之时，中国人以陌生和新奇的眼光注视着西方体育项目的传入，观察着因西方侨民大量涌入而带到中国土地上来的西方近代体育。留驻中国的西方传教士、商人、军人、记者和他们的家眷，热衷于多项体育活动的开展，诸如网球、篮球、足球、高尔夫球、板球、棒球等需占用一定规模场地的大中型项目均得以出现；仅上海一地，就建起了多处运动场，配以举重、双杠、哑铃、拳击、体操等运动设施的健身房、俱乐部及游泳池等，更是流行很广。诸如此类，起先为固守修文偃武、鄙视技勇之传统观念的士绅们所不屑，把它们看作中国古来有之的杂耍百戏一路。但随着时间的推移和这些活动的持续演进，不少中国人开始对这类运动所显示出的智力、技巧和勇气的结合之魅力产生了越来越多的兴趣，特别是许多竞技性项目，因程序和规则的完善而体现出较强的竞争性、趣味性和娱乐性，尤其增加了使人乐于嬉游其间的吸引力，而这些东西又恰恰是传统中国体育竞技活动所不及的地方。终于，不屑一顾的目光转变成赞叹羡慕的神情。进而，由称羡到仿效，将其作为一种新型的娱乐和竞技文化来接受了。这种转变的过程和程度，通过一些西侨主办的运动场所由封闭型变成开放型，以及许多华人经营的营业性小型运动场所的相继开办而得到实施与体现。

从19世纪后期起，中国人对近代西方体育的接受方式，又由早先的仅仅视其为娱乐游艺项目而引进，向更高的层次递进。反侵略战争的屡屡败北、亡国灭种危机的日益加深，成为国人近代体育观念终于萌发，并在一个不算很长的时期内基本形成的直接动因。不少因种种途径而深明中西差距所在和国家落后原因的先进士人，从盲目鄙视西方近代体育的故步自封的阴影中走出来，提出了通过学习和发展新式体育以强壮国民体魄改造国民素质的主张，“体育救国”的主张和实践由此迭兴高潮。

除却强健体魄、体育救国的宣传鼓动激励人心之外，中国人对西方近代体育的接受由娱乐型步入健身型，还得助于其他一些历史条件。主要有：

1.基于传教事业的西方近代体育的教授操习和传播活动。这类活动主要通过教会学校和基督教青年会来开展。教会学校多开设近代体育课程，并不时举办以田径赛和球赛为主要内容的运动会，散布各地的青年会则多以兴办各类体育健身场所为中心活动。

2.清朝政府在内忧外患的刺激下几度实行新政，于文化教育方面的改革举措较多，其间派遣留学生出洋为大宗，从而为西方近代体育在中国的传播造就了一批宣传和教习人才。

3.民众爱国救亡运动的风起云涌和社会观念习俗日益发生巨大变化。其时许多反清的革命党人视暴动和暗杀为实现政治主张的捷径，大力推行体育训练；一般百姓在保家卫国思潮的导引和促进下，纷纷发掘传统武术以进行体育和技击锻炼，并对日渐流行的西方近代体育给予吸收；而开放女学、放足剪发、戒烟禁赌、讲求卫生以及对各种带有迷信猥亵特点的旧娱乐游戏的反对和革斥，也都是国人近代体育观念得到培养发育的有利因素。

从19世纪末到20世纪初，近代体育在中国的发展开始进入一个蓬勃发展阶段，最显著的特征是它的普及程度一创空前。

近代体育的普及主要归功于近代教育的完善和带动。1904年清廷公布的《奏定学堂章程》明确规定，从幼儿教育直至高等学堂，都必须设置近代体育教育课程，对操场形式和操用器具等，也都提出了“均宜全备”的具体主求。在中国近代体育史上第一个法令性文献的推动之下，一时间新式体育教育极呈欣欣之势，除体育课目在全国教育界全面推行外，各式体育学堂、体育学校和体育专科如雨后春笋般接踵出现，其性质含官办、民办、向私人集资由社会公办等多种形式，教学规则有西方和中西结合两种基本模式，大致设有体育概论、体育教学法、人体学、生理学、解剖学、体操、田径、球类、国术、游泳、射击、拳术、舞蹈、音乐及图文、外国语等课程。女校中体育课程的开设和女子体育学校的出现，成为社会新气象形成的一个标识，更是通过体育锻炼弘扬民族精神、强健国民体魄、完善现代教育和养成以运动游戏为健康娱乐习惯的近代体育观念日益深入人心的重要标识。

辛亥革命以后，新式体育教习在教育体制中的地位更加得到巩固和加强，“德、智、体、美”全面发展的教育方针于1914年被正式提出，加以当时极力提倡的军国民教育理论的引导，形成了中国历史上前所未有的人人以说体育为时新、习体育为光荣的崭新局面。紧跟着，从1915年起发端于上海并最终走向全国的新文化运动，又使人们的体育价值观得到了一次新的洗礼，因军国民教育过分强调而导致的片面军事致用观念，重新向健身、卫生和娱乐效能全面发挥的整体致用观念回复。

和新式体育教育普遍实行一起成为近代中国体育蓬勃发展重要标志的，是各种体育运动会的举办，以及它们在民众生活中影响的加大。

早在19世纪后期，主要是由基督教青年会组织的各学校、各地区之间的运动会和专项体育比赛活动，已在我国各地特别是沿海城市频繁出现，民众观看人数的不断增加，显示出这种形式在社会体育宣传过程中产生了重大影响。清宣统二年（1910），由“全国学校区分队第一次体育同盟会”主办的我国第一次全国性的运动会在南京举行，140余名运动员参加了田径、足球、篮球和网球等多种项目的角逐。民国成立以后，大小规模不等的运动会的举办更加普遍，也不再以教会学校和青年会为主，而是由华人作为主导。

当时在体育运动上全国分为五个区，即华北、华东、华中、华南和华西，各区都建立了体育联合会组织。1921年，各区联合起来建立了中华业余运动会联合会。在1924年于武昌举办的第三届全国运动会上，五大区体联又联合倡议建立一个经常性的全国性的体育组织推进我国体育事业的发展。其筹办过程中，上海精武体育会大量组织工作，特别是在各大区之间的牵线搭桥作用功不可没。1924年8月，中华全国体育协进会在南京正式宣告成立。1931年，国际奥委会承认其为代表中国的国家奥委会。

1913年中国运动员首次参加在菲律宾举办的第一届远东运动会，成为中国体育运动进入国际体坛的开端。两年后第二届远东运动会由中国主办，在上海举行。在田径、游泳、足球、排球等各项目的角逐中，中国运动员夺冠甚多，谱写了远东运动会上最辉煌的一页。1932年，中国首次派运动员参加了在美国洛杉矶举行的第10届奥林匹克运动会。1936年第11届奥运会在德国柏林举行，中国派出了总计141人，其中运动员69人的体育代表团参赛，参加了田径、游泳、举重、拳击、自行车、篮球、足球等项目的比赛，除此之外还有一个武术代表团参加汉堡的世界体育表演。当中国武术亮相奥运会，在场观众眼花缭乱，纷纷起立鼓掌。国际体育交往日渐成为我国加入世界性社会文化交流活动的一个重要方面。

体育场所的兴建，除了一些小型的室内运动场所、健身房和营业性娱乐馆所之外，我国早期兴建的综合性运动场所基本上都是西方侨资。1913年由民国教育部创办的通俗图书馆附属公共体育场，是中国人自办的最早的大型公共体育场。1915年，教育部曾通令各地在省城设立体育场。到20世纪20年代末，各地已建成体育场1 142个。30年代初，具有相当规模的南京中央体育场建成，分有田径赛场、棒球场、篮球场、排球场、足球场、国术场以及跑马场等多个场地，看台为35 000座，总容量计60 000人。另外，各地还兴建了许多游泳池、健身房、跳水台、打靶场、棋牌室等专项体育运动场馆；不少图书馆和民众教育馆等也都附设有健身房、游艺室等。体育场所的兴建，为近代体育活动的发展，特别是民众娱乐生活的丰富，提供了重要的物质条件。

与体育社会化过程相并行的是社会办体育的热情不断高涨。从20世纪初起，业余体育事业社团纷纷出现，上海精武体育会1910年成立，成为全国第一家民间体育社团。1920年精武体育会成立10周年之际，孙中山先生特地莅临指导，并为《精武本纪》题词："尚武精神"。此后，仅上海一地，前后相继出现了几十个民间体育社团，它们自费创办各种体育报刊，出版体育书籍，组织体育比赛和评论，开展体育学术研究和国内外体育活动的交流等，在致力于社会体育宣传、促使体育社会化方面，显示出广泛性、灵活性和效益性等诸多特点。

体育社会化和社会办体育的互相促进，更通过普通民众对体育活动的极大热忱而体现，特别是在城市中，几乎每一场赛事，尤其是全国性或国际性的赛事，均为广大市民所瞩目所关心。看台上人头攒动群情振奋的场面，大小报纸上体育新闻版面的不断增加以及由社会自办的各种体育竞赛活动的此起彼伏，无不显示出当时体育运动对中国社会各阶层的强大的吸引力。

西方新式体育的引进、传播和发展，也为中国传统体育的重振和提高造就了新的社会历史条件。诸如石担石锁、拳操骑射等传统健身方法在“强民、强种、强国”的雄心指导下得以广泛开掘、整理和发展。兴起于20世纪初以弘扬传统武术文化为主旨的“精武”体育事业，更为近代体育形式上的民族化、组织上的社会化和方向上的南北贯通、中西并举以及走向国际做出了独特的贡献。传统武术事业的继承、创新和发展，同样成为近代中国体育事业快速进展的一个重要标志；其他如斗鸡走狗、踢毽跳绳、博艺围棋、风筝马术、竞渡摔跤等传统项目，也依然是广大民众喜爱的娱乐和健身的活动。

第一章

多样化的地方戏曲形态

清末民国时期江南地区的地方戏曲形态相当丰富，如起源于苏南叙事山歌“东乡调”的“滩簧”，以唱为主，曲调优雅抒情，生活气息浓厚，别具江南水乡风韵，太平天国运动前后，“东乡调”与道情、唱春、宣卷相融合，逐渐发展成曲艺形式的“滩簧”。早在清乾隆年间，上海松江也出现了一种流动演唱戏文，称“花鼓戏”。民国初年，由花鼓戏演变成本地滩簧，后来又演变成申曲，而申曲则是沪剧的直接源头。

本地滩簧与申曲，后来出现了借鉴昆曲戏文题材，将其情节改编为通俗七字句的“前滩”，原来的热闹小戏则被称为“后滩”。昆曲发源于元末明初的江南昆山，最初是在昆山地区的民间歌舞基础上发展起来的。在明朝中后期，昆曲逐渐发展成为全国性的剧种，并形成了众多流派，具有极高的艺术价值和文化价值，被誉为“百戏之祖”，发展至今，有“昆曲六百年”的美誉。昆曲行腔优美，缠绵婉转，在演唱技巧上非常注重声音的控制、节奏速度的顿挫疾徐以及吐字的讲究；念白的语音带有吴侬软语的特点，并且创造性地使用了地方白的艺术表现手法，如苏白、扬州白等，市井语言与生活气息浓厚，极有特色；昆曲舞台上的戏衣，即俗称的“行头”也是别开生面，纹饰多样，色彩丰富，很有表现力和感染力。

清末到民国年间，滩簧等各剧种从农村进入城市，在江南文化的观照和海派文化的浸染下，迅速实现了从曲艺到戏曲、从小戏到大戏的蜕变。民国时期，上海戏剧舞台上活跃的戏曲更是丰富多彩。随着整个社会对于剧场文化娱乐消费需求的增大，一些新的演出场所逐渐建立，京剧等主流戏剧进入更大规模的新建演出场所，也为其他戏曲剧种的发展留出了空间，沪剧、越剧等就在这样的氛围下，应运而发展。

此外，江南地区还有其他一些戏曲剧种，主要是地方剧种，如淮剧、扬剧、滑稽戏等。这些剧种各具特色，接受了中外喜剧及江南各地方戏曲的影响而逐步形成为新兴戏曲剧种。传统剧目中保存了江南的民俗，进入上海后又被赋予了“十里洋场”特有的世俗，它的创作方法也极具海派特色。

民间文化占据着戏曲演变的主流，千百年来民间的祭祀活动也构成了民间戏曲生存发展的重要文化背景。

▲ 清末民初江南“歌舞升平”的戏台与观戏人

元宵演剧到春残

——古老戏台

宋元以来，江南人看戏，经历了瓦子勾栏到戏场戏台的演变。宋室南渡后，临安府（今浙江杭州）成为南宋的首都，自然也是观演看戏、声色犬马的戏曲中心。人口会聚，经济繁盛，更有诸多富商大贾的云集，北杂剧、永嘉杂剧和各种民间小调汇聚于此，促使这里瓦子兴起，勾栏林立。先要解释一下“瓦子勾栏”，所谓“瓦子”最初也称瓦肆、瓦舍、瓦市，其建筑形态可以是简易瓦房，也可能是由竹木席等材料圈搭而成的大棚，棚内有勾栏圈定伎艺演出场地，最大的棚内可容数千人，那是不容小觑的娱乐消费大市场。宋人喜欢在“市”后加“子”为后缀，如《东京梦华录》有“土市子”“鬼市子”“瓮市子”，省略后人们直呼“瓦子”。《咸淳临安志》卷十云：“瓦子盖取聚则瓦合，散则瓦解之义”，“聚则瓦合，散则瓦解”，也许就是临时的“瓦子”，也有学者认为，瓦子是固定场所，上有瓦棚，因此叫瓦子、瓦舍。简言之，瓦子是为了满足市民休闲娱乐需求而发展起来的一种大众休闲娱乐场所，可以说是一个“新兴市场”。

勾栏，则是指以栏杆围成的专用观演场所，一个瓦舍可能有多个勾栏。有资料表明，当时的临安府共有众安桥的北瓦、米市桥下的米市瓦、艮山门外的艮山瓦、城东的菜市瓦等二十余座瓦子。其中以

▲ 1906—1909 年宁波的戏台

▲ 1909 年集资兴建的上海三山会馆古戏台

北瓦规模最大，拥有十二座勾栏。元代陶宗仪在《南村辍耕录》卷二十四说过当年松江府发生过“勾栏压”的往事——那是一场不幸的事件。沈氏子因内心不乐而入勾栏解闷，顾女不时去勾栏习唱，逢戏必到。当时的勾栏发生倒覆惨剧，“棚阽压。顾走入抱其女，不谓女已出矣，遂毙于颠木之下，死者凡四十二人，内有一僧人二道士。独歌儿天生秀全家不损一人”。就如同当今发生人群大量聚集时的踩踏事件一样，当时人们都喜欢去“瓦子”“勾栏”看戏，连僧人、道士也一起进入观演场所，孰料突发事故，死者有42人之多，那场面一定不小，从中不难看出元代市井观戏的状态。

最初的戏台，或许只是简单的露天土台，后来演变成瓦舍勾栏，供人们表演观演。到清末，江南的戏台已经有了充分的发展。宁海诗人王梦赉竹枝词云：“元宵演剧到春残，乘兴何妨日日看。共道经年辛苦甚，三时工作一时欢。”“戏文子弟”的增多，显然是戏剧舞台兴旺的基础，明代以后的戏台，除了在公共场所单独建造外，很多是作为某些建筑的附属物而存在的，比如宗祠戏台、寺庙戏台、会馆戏台等，各具特色。在江南水乡，很大的特色便是鲁迅《社戏》中所描述的水乡特有的一种临河戏台。水乡古戏台主要用于祭神祀祖，也可归入“神庙戏台”一类，堪称中国来源最古、出现最早的戏台，它根据水乡河港交错、水面宽阔的地形特点，跨河或临河而建，看戏的人则摇着乌篷船，停泊在戏台下，边看戏边吃糕饼、水果、瓜子等，戏台有固定的，也有随搭随建的。鲁迅描写的观看“社戏”的戏台，便是修筑在河边的，这戏台应该是具有一定建筑规模和艺术特色。

上海开埠以后，各地商人云集上海，相继建立了数百家同乡会馆

▲ 20 世纪 20 年代，南京蒋王庙内的戏台上站着一些人维持秩序

▲ 苏州昆山中国昆曲博物馆里的古戏台

和同业公所，会馆作为同乡人的组织，逢年过节常常欢聚一堂，自然也少不了举办酬神演戏的活动，大家也一起乐呵一番。所以，凡会馆多建有戏台，也几成惯例。作为福建会馆的上海三山会馆，整幢建筑别致秀丽，雕梁画栋，流光溢彩。古戏台的藻井为全木结构，雕刻着“五福捧寿”“暗八仙”图案以及上海老城的八座城门、城墙。城门上有百鸟朝凤图，镶嵌着夜明珠。古戏台前的石柱上镌刻着对联“集古今大观时事虽异，得管弦乐趣情文相生”等，也是别有情趣。至于上海早年那些茶园式剧场，仿照京式茶园而建，戏台已明显缩小，清同治六年（1867）宝善街（今广东路东段）开业的丹桂茶园，是近代上海京式戏园的先锋和主力，有“丹桂第一台”之称。丹桂茶园不仅生意兴隆，压倒了开办在前的“满庭芳”，也使京剧在上海扎了根。1911年开幕时，“丹桂第一台”不仅演京剧、梆子戏，亦兼演新剧、文明戏和新式歌舞。20世纪20年代，闽派布景巨匠俞鸿冠应聘“丹桂第一台”画幕师，为其京剧连台本戏《开天辟地》设计了“三棱镜幕景”和“云涛翻滚、山景变化”的机关布景，风靡一时。

▲ 晚清的戏剧演员，衣饰华丽

来从京国更风华

——海派京剧

说起京剧，望文生义地理解，似乎是北京的剧种。其实虽然名称中有“京”字，但它在清代形成，融合了徽剧、汉剧、昆曲、秦腔等多种戏曲剧种的元素和特色，在形成和发展过程中，受到了各地戏曲艺术的影响，是中国戏曲文化融合和创新的成果，堪称国剧。京剧的诞生，离不开江南徽班的创设与孕育。清乾隆五十五年（1790），乾隆爷八十寿诞，各地官员都要进献寿礼以示庆贺，浙江盐务大臣伍拉纳征集了徽班中的三庆班进京。历史上有“四大徽班”进京之说，徽班，当是指安徽商人投资组建的徽剧戏班。徽戏最初只唱吹腔、高拨子，但它善于吸收湖北的二黄调与江苏的昆山腔，各种腔调十分丰富，显得很鲜活，令北京的戏曲观众耳目一新。原先只是给乾隆祝寿的演出，在其寿诞庆典过后，又受到北京观众的欢迎，遂选择留京，继续演出。以后，又有湖北的汉戏班进京，徽汉逐渐合流，融合交汇，终于在清道光年间诞生了一个新剧种——京剧。

京剧形成后，当然不可能固守京华，它也要逐步向全国推广，初期是在京津冀、山东乃至东北地区，后来也向华东、华南地区回流，清同治年间（1862—1874），上海新建了许多仿京式茶园，如满庭芳和丹桂茶园等，也邀请北京和天津的京剧戏班来举行公演，上演的戏目参差不齐，有传统戏，也有新排的连台本戏和灯彩戏，构成了上海戏曲舞台的新景观，引起了沪上观众的浓厚兴趣。晚清佚名《续刊上海竹枝词》“沪北十景”竹枝词云：“相传鞠部最好奢，不待登场万口夸。一样梨园名子弟，来从京国更风华。”

京剧来到上海后，产生了一系列新的变异。传统的京剧艺术在上海这片土地上开始与西方文化、江南文化以及商业文化交融，逐渐形成了具有独特风格的海派京剧。这个过程当然也不是一蹴而就的。最早对京剧发起改革的是一个叫汪笑侬的北京人，此公看不惯北京名伶的守旧与妩媚，毅然南下。1904年8月，他自编自演的时装京剧《瓜种兰因》在春仙茶园首演，借波兰亡国之恨，寓中国近世变乱之耻。可惜当时的上海观众看不懂其中深意，表现得有些冷漠。但北方来的京剧艺人受到江南文化环境和观众审美趣味的影响，原来的艺术就在不知不觉中发生改变；如北京称“听戏”，而上海叫“看戏”，南派不仅重唱，而且重做，表演追求火爆、夸张、高难度的武功技巧，甚至真刀真枪上台，唱腔求灵活流畅，除西皮、二黄外，还有高拨子、吹腔、五音联弹等，戏目题材更广泛，情节追求曲折有趣，演出样式追求新奇变化，显示出从剧本内容、表演形式、

▲ 晚清时期上海演出的京剧表演

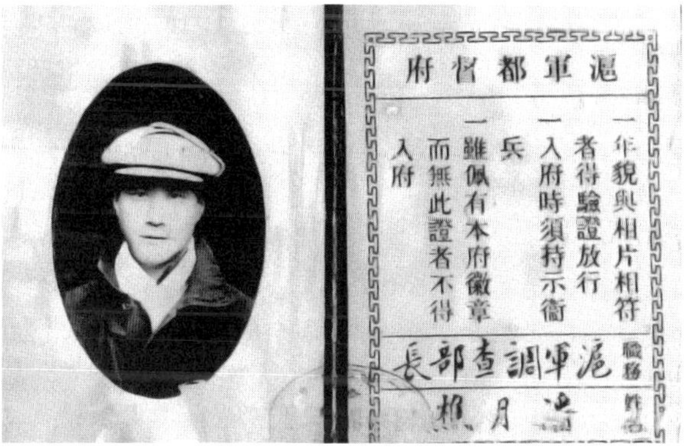

▲ 清末民初南派京剧舞台上，潘月樵对于京剧改革功莫大焉

▲ 海派京剧的代表人物周信芳（麒麟童）《四郎探母》剧照

▲ 1937 年梅兰芳在上海的梅花诗屋。照片上梅兰芳（左二）留有胡须，“蓄须明志”不为日寇演出

舞台技术等多方面都敢于尝试新手法、新元素的精进风格。

海派京剧在表演形式、舞台布景、剧本创作等方面都进行了大胆的创新。在表演上，更加注重人物情感的细腻表达和动作的真实自然；舞台布景上，引入了先进的灯光、音效和道具，营造出更加逼真的场景效果；剧本创作上，结合时代背景和社会现实，创作出了许多反映市民生活和思想的新剧目。京剧名角周信芳（麒麟童）在上海的舞台上大胆创新，将传统京剧的表演风格与现实生活相结合，塑造了许多深入人心的角色，其代表剧目《徐策跑城》，以其精湛的表演和独特的艺术风格，赢得了观众的广泛赞誉。《狸猫换太子》更是将传统的故事进行了重新演绎，加入了更多的情节和人物冲突，使其更具观赏性和吸引力。

欧风美雨的浸淫使上海本地文化呈现出浓厚的中西杂糅色彩，编演的过程高度市场化，机动灵活，基本根据演出的上座率决定全剧长短，从数本至数十本不等。表演形式上也大胆改革，演员有很大的自由发挥空间，在武打、唱腔和服装等方面争相创新。舞台美术方面尤其突破成规，大量运用机关布景和声光化电等先进技术，制造极具冲击力的视觉效果。这类演出大受上海市民阶层的欢迎，长盛不衰，其上座率有时甚至不输当红京角的演出。

海派京剧是传统戏曲近代化转型的典范。在艺术与生活的关系上，海派京剧突破了京剧入宫演出后追求精致、脱离生活、丧失活力的桎梏，使京剧贴近现实、关注民生。海派京剧不仅有大量时事剧的创作，而且在历史题材剧目创作演出中也无不彰显着鲜明的时代特征。海派京剧积极革新，突破程式接近生活，大大强化了京剧的表现力和感染力。

南市宏开新舞台

——新剧兴起

戏曲的表演和观赏是中国传统公众性文化活动的重要内容。直到19世纪末包括文明戏在内的新剧形式产生以前，传统戏曲形式和剧目的表演，一直是近代中国民众文化生活的最主要方面。当时戏班通称梨园，演员较少，设备简陋的演出团体则叫草台班，专用于演出戏曲的场所称戏园，但多数戏曲表演都假茶园举行，所以戏院也多称为茶园。市民们一边听戏取乐，一边品茶聊天，反映出商业社会形成时

▲ 清末上海圣约翰大学创演新剧，图为该校戏剧俱乐部成员合影

▲ 清末春柳剧社扮演《黑奴吁天录》演职员合影

期公众文化活动的特点。在乡间，庙台乃至“野台”是戏曲上演的基本场所。

19世纪后期，被称为“新剧”的文明戏（早期话剧）开始从上海发源。清光绪二十五年（1899）12月24日，上海圣约翰书院（后改名圣约翰大学）学生借圣诞节排演英语短剧及自编的时事新戏《官场丑史》，来讽喻清政府的专制统治。这场戏使当时一位还是少年郎的小观众极受感染，如痴如醉。正是这出戏，使他对这一戏剧形式着了迷，他就是英俊潇洒的汪优游。1905年，汪优游已经成长为民立中学的学生，他发起组织了文友会，组织学生演剧，并将这种戏剧从校园推向社会，引发了热烈的反响。社会上出现多家演剧团体，人们称这种有别于传统戏剧的表演形式为“新剧”，也叫“文明戏”。几乎同一时期，在南洋公学，演出了《六君子》《张汶祥刺马》等文明戏，均引起极大反响。

无独有偶，1907年，一个叫曾孝谷的四川人在日本留学。他读到了一本题为《黑奴吁天录》的翻译小说，激动得难以入眠。他认为这部小说对饱尝深重灾难的国人，振兴民族独立之魂，很有警醒作用。于是他与同窗好友、浙江人李叔同等人一起商议，组织春柳剧社，改编剧本，开展演剧活动。那时西方话剧在日本很有市场，李叔同与曾孝谷在日本新剧演员的指导下，曾经排演过《茶花女》，对新剧有着大概的认识，因此轻车熟路。经过两个多月断断续续地排练，两人终于将自编自演的五幕新剧《黑奴吁天录》搬上了日本东京本乡座舞台。剧本按现代话剧分幕形式用口语写成，这次演出在东京引起轰动，其影响达于国内。春柳剧社决心将这种新剧带到国内来，带到上海的舞台来演出。

▲ 清末民初新剧艺人（左起）张笑影、张少影、筱鸣钟、贾润生合影

▲“文明戏”得名于“文明”运动之社会启蒙，图为清末文明戏剧照

随着欣赏习惯的改变，观众对剧场的空间、座位、音响等方面提出了新的要求。1908年，安徽怀宁（今安庆）人夏月珊、夏月润兄弟等率先在上海创办新式剧场——新舞台，一改旧式四方形戏台茶园格局，设有机械转台、灯光、布景，为国人自建的第一座仿欧洲、日本新式剧场。1914年8月15日，新舞台因沿街菜馆火灾殃及全部焚毁。清末诗人叶仲钧在《上海鳞爪竹枝词》中写道：“夏伶兄弟具雄才，南市宏开新舞台。纵遇者番兵燹劫，仍然奋斗不心灰。”

新剧，给戏剧带来了一场新的革命，它创造了一种适应新时代的戏剧范型，以现实的生活情感来取舍戏剧的题材，以快节奏来表达戏剧的内容，以对话来直抒角色乃至观众的胸襟。后人称这种戏剧形式为“话剧”。说到“新戏”改叫“话剧”，还离不开戏剧家洪深（1894—1955）的作用。1919年，江苏武进（今常州）的青年才子洪深考入哈佛大学乔治·皮尔斯·贝克（George Pierce Baker, 1866—1935）主办的戏剧训练班，专攻戏剧学问。1922年春，洪深学成回国。他认为过去称“文明戏”为“新剧”，是针对旧剧而言，两者的区别一是歌唱，一是说话。既然“新剧”是说话的戏剧，为何不能称为“话剧”呢！从此话剧作为固定的戏剧形式，正式在中国戏剧舞台上确立。话剧表演，戏台上的演员们穿着日常服装，没有唱腔，说话生活化，亲切而又家常；情到浓深处，观众恨不得跑到台上融入其中，这就是“新剧”在当时给人的新鲜感。此后几十年间，新剧蓬勃发展，逐渐形成与传统戏曲鼎立之势。各色专业和业余的新剧团体，遍布江南与全国的各大中城市。

老上海的话剧，还有不少话剧团体的贡献，如当时的民众戏剧社、戏剧协社、南国社、辛酉剧社、复旦剧社和左翼剧团联盟等。他们坚持进步倾向，选演世界名剧，为提高中国现代话剧演剧水平做出了一定的贡献。1922年，田汉回国来到上海，致力于南国艺术运动和培养艺术人才。在全民族抗战时期，上海话剧创作高潮迭起。上海沦陷后，留沪进步文化人士于伶等人组成上海剧艺社，开展演剧活动，在“孤岛”坚持抗日救亡活动，涌现了一大批剧作家和话剧明星。

▲ 1936 年复旦剧社公演曹禺《雷雨》，由欧阳予倩导演，剧中人周萍与四凤喃喃作情话

▲ 民国时期苏州滩簧演出照

丝铜争唱打洋琴

——本地滩簧

“滩簧”原本是一种传统曲艺的说唱形式，“滩”字也不是独指“上海滩”或其他什么“滩”，就是泛指民间，富有生活气息，而“簧”则是指乐器里震动发声的竹片。进行这种说唱表演时，唱的人也许就将唱词抄本摊在桌上，俗称“唱滩簧”。晚清时期，上海话里还流行“唱滩簧”的俗语，却是另一番意思了。据说四马路的青楼里传出来的沪语“唱滩簧”可不是什么好话，“滩”与“坍”谐音，“簧”与“黄”同音，连在一起说“唱滩簧”，意谓“面子坍了，事情黄了”的意思，纯粹就是一个贬义词。这当然是一个题外话。

作为中国传统曲艺的一个类别，滩簧形成于苏南浙北地区，清中叶以来逐渐发展为戏曲形式，它的范围覆盖到整个江南地区，如果从曲艺谱系上来分析，“滩簧”源于“南词”，明代的弹词已发展出弹

▲ 滩簧形成于苏南浙北一带，清中叶以来逐渐发展为戏曲形式，成为许多地方剧种的渊源

词和南词等不同分支，苏州是弹词的重镇，浙江地区则多沿袭南词的称呼，清嘉庆年间，苏州发达的弹词派生出众多的流派，开创了苏州弹词的新局面，弹词活动的中心逐渐由杭州、绍兴转移到苏州。清乾隆以后，苏州的对白南词发展成苏州滩簧，后流传到浙江杭州、金华等地区，形成了杭州滩簧、兰溪滩簧等分支，并随即传播至江南各地乃至闽粤桂等地，形成了许多新的曲种。这个过程其实也是从弹词到滩簧不断通俗化的过程。清末的"唱滩簧"，有前滩与后滩之分。前滩移植昆剧剧目，将昆剧曲词加以通俗化；后滩取材于民间花鼓小戏。表演者三至十一人不等，分角色自操乐器围桌坐唱。

据清同治三年（1864）成书的范祖述《杭俗遗风》"滩簧"所记："以五人分生、旦、净、末、丑脚色，用弦子、琵琶、胡琴、鼓板。所唱亦系戏文，如《谒师》《劝农》《梳妆》《跪池》《和番》《乡探》之类。不过另编七字句，每本五六出。"范祖述说的滩簧，显然是指南词滩簧，其实，这种曲艺形式在民间的衍变过程是非常丰富的，形成了江浙各地都有"滩簧"的表演形式，如苏州滩簧、杭州滩簧、台州词调、衢州滩簧、温州弹词、文南词、赣州南北词、福建南词、贵州弹词、台湾北管（南词）等分支。

顺便说一句，常常看到有人声称"我们这里是滩簧的发源地"，

▲ 滩簧主要调式为簧调，源于民间山歌小调，后形成坐唱形式的不同戏文。图为锡剧演出照

▲ 无锡“滩簧”与武进“滩簧”在上海相遇并耦合，逐渐发展为统一风格的地方性剧种——常锡文戏

▲ 20 世纪 30 年代，正在街头演出的本滩书艺的女艺人

其实是眼界看得不够宽广，只看家乡，忽略其他。从谱系上源于南词的滩簧，它的传播面几乎是整个长江以南，各地都将这种曲艺形式称为“滩簧”，如果用一个“本地滩簧”，就比较适宜了。譬如在上海，大约在1898年，就已有“滩簧”艺人从松江、宝山等地进入上海，并固定在茶楼茶园坐唱，因此上海人又把这种曲艺形式称为“本滩”，本地滩簧之谓也。

无论哪个城市或地区的本地滩簧曲种，都无一例外地转化成本地的戏曲形式了，如沪剧、锡剧、苏剧、甬剧等，都出自南词滩簧而又都形成滩簧系统的剧种。从艺术构成来看，南词滩簧是弹词、江南丝竹、昆曲三者的融合，其演出内容为昆曲的折子戏唱腔，唱腔基本调，由弹词“平湖调”发展而来，称为“太平调”，伴奏则大抵采用江南丝竹乐队。上海开埠之后，受欧风美雨的熏染，说唱艺人在演唱过程中，也用上了洋琴。洋琴，又叫扬琴，是民乐中击弦乐器，音色特点鲜明，表现力丰富。清末李声振的《百戏竹枝词》中有较详细的记载：“弹词——亦鼓词类，然稍有理致，吴人弹‘平湖调’，以弦索按之。近竞尚打铜丝弦洋琴矣。都中四宜茶轩，有夜演者。”“四宜轩子半吴音，茗战何妨听夜深。近日‘平湖’弦索冷，丝铜争唱打洋琴。”至今，扬琴仍是绍兴平湖调和四明南词中十分重要的伴奏乐器。

“滩簧”与“昆曲”，自然是“俗文化”与“雅文化”的并立，昆曲发展到清代已经绵延很久，流行于追求高雅的豪门大户；“滩簧”则扎根在草根民间，风格流俗。李斗《扬州画舫录》说到为了迎接乾隆皇帝南巡，扬州盐商耗费巨资做了精心的准备：“两淮盐务例蓄花、雅两部，以备大戏。雅部即昆山腔。花部为京腔、秦腔、弋阳腔、梆子腔、罗罗腔、二簧调，统谓之乱弹。”可见“乱弹”“滩簧”“小调”之俗文化也在准备之列，苏州滩簧大量吸收昆曲元素，因而常被称为昆曲的俗唱，加快了滩簧从田边街巷说唱向戏剧演化的速度。

滑稽戏出千人笑

——滑稽幽默

从某种程度上讲，曲艺的生态是原生态，讲究自然随意。100多年前，相声从老北京的天桥地摊上发展起来。那个时候，上海的滑稽戏也是从马路边、菜市场唱出来的，是不折不扣的上海本地艺术。茶馆酒肆，三五张方桌；三教九流，喝茶聊天嗑瓜子，就酒下菜划大拳，讲的人眉飞色舞，听的人兴高采烈。把人逗乐，得到银子即是成功。阳春白雪和下里巴人，各有各的艺术魅力，也各有各的观众群体。从本质上讲，滑稽戏的土壤在普通老百姓中，滑稽戏演员一般都是那个年代的“段子高手”。

清末有一首《游张园》的竹枝词：“宝马香车拥道旁，园亭楼阁斗辉煌。滑稽戏出千人笑，傀儡场开百戏忙。”这首竹枝词写出了张园游艺的繁华景象，道路两旁停满了马车，园中的亭台楼阁金碧辉煌，也写出了滑稽戏让观众捧腹大笑的情景，至于傀儡戏，则是用木偶来表演故事的戏剧形式，也吸引了众多观众。

上海滑稽戏是在上海都市化进程中应运而生、扎根市民的一种通俗喜剧，它的直接源头应该是文明戏。在欧风美雨的浸淫下，几乎与

▲ 20 世纪 20 年代，上海精武体育会文事部表演滑稽武舞的剧照

20世纪初“新剧”文明戏同时出现，当时称为“趣剧”。滑稽戏紧追近代城市发展和科技文明，上海一有新式剧场，它就活跃在剧场；电影诞生后，滑稽戏也紧随其后，活跃在银幕上；游乐场问世，滑稽戏就成为其中最叫座的“顶梁柱”；20世纪20年代，广播出现，滑稽戏又成为空中传音的常客……滑稽戏就这样紧随着城市消费文化潮流的变迁而消长，但由于它植根于民间而拒绝了所谓高雅，因此一直受到市民的欢迎而长盛不衰。

按戏剧大师黄佐临的说法，滑稽戏即方言话剧。话剧看起来洋气，滑稽戏看起来局限于本地，其实它们都脱胎于新剧。清末出现文明戏，到20年代前后，兴起了以普通话为对白的新剧，又演化成了话剧；以上海话为对白的新剧，则关注本土原创，形成滑稽戏。最早打出“滑稽戏”旗号的，即新剧中“趣剧”演员，初期有“前三大家”徐卓呆（徐半梅）、张冶儿、陆啸梧。30年代初，著名演员有“滑稽三大家”王无能、刘春山、江笑笑等。

▲ 从客串文明戏到开创上海独脚戏的王无能先生，长相确实很滑稽

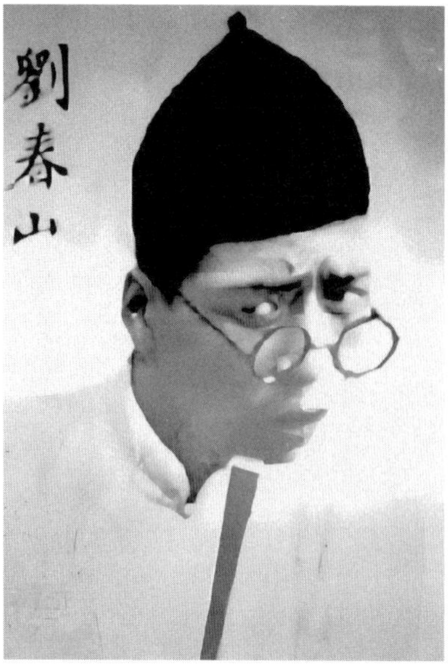

▲ 民国时期的上海滑稽戏艺人刘春山

▲ 20 世纪二三十年代合作表演独脚戏的演员鲍乐乐与江笑笑

王无能（1892—1933）本名念祖，小名阿魁，苏州人。清光绪三十一年（1905）左右随父来沪，在文明书局编辑所附设之文明小学就读，后因家贫辍学学艺，在笑舞台唱文明戏，工丑角，擅演书僮、小贩等穿马甲的小人物，故称“马甲滑稽”，表演风格上洒脱自然，口齿清楚，语言流畅，善说各地方言，即兴发挥甚多。其时大型

滑稽戏尚未形成，在文明戏启幕前常加演被称为“趣剧”的滑稽小戏来暖场。他的表演诙谐百出，滑稽幽默，成为保留之精品，后受小热昏、隔壁戏、双簧、苏滩、相声的影响，开辟新曲种，在“堂会”上兼演以学方言、唱戏曲、说笑话、讲故事为主的独脚戏。1927年正式打出独脚戏牌子。上海滑稽戏另一开山鼻祖江笑笑，据《大辞海·戏剧电影卷》记载，江笑笑生卒年1899—1946，另有资料称其为1900—1947年，具体年份因史料考证尚存争议。早年在饭店学厨师，后拜双簧演员黄杏珊为师。1927年，江笑笑、鲍乐乐到上海后不久，改演独脚戏，标榜“社会滑稽”，影响遂日益扩大。然而对于滑稽艺术的起源，至今没有统一的定义，但若是从历史演进的角度来分析，滑稽戏属于戏剧的一种形式，而独脚戏则是深受小热昏、卖朝报、相声、双簧等影响而形成的曲艺表演形式。1942年3月20日，江笑笑与鲍乐乐成立第一个专演滑稽戏的笑笑剧团。该剧团网罗了当时大部分著名独脚戏演员，对独脚戏向滑稽戏发展起了决定性作用。

上海话构成滑稽戏的基本方言，又杂以江南各地方言；唱腔音乐以江南民间小曲改编的基本曲调为主；而独脚戏是从滑稽戏中剥离出来，可以在堂会上相对独立演出的曲艺形式。独脚戏与滑稽戏加在一起，合称为“上海滑稽”。从苏州、杭州的小热昏、苏滩、宣卷中汲取养分，上海滑稽戏博采流行在江南各地的民谣山歌和现代戏曲各种流派特色腔调，形成“九腔十八调”，集其大成，并可宽容变化，附夹说白，说变就转，运用自如，叙事铺言，情景交融，神情俱备，风趣横生，甚至可以随时拿时尚流行曲调做说唱音乐。滑稽戏还引入来自江南民间的熟语、口技、绕口令、贯口、卖口、歇后语、掌故、杂腔俚谣、叫卖调子、民间故事、生活中的噱头笑料，加工说唱自如，对挖掘和传承民间文艺起了重要作用。

▲ 20 世纪 40 年代上海滑稽与街头杂耍相结合的街头表演

▲ 晚清在上海戏园演出的江南戏班子

家歌户唱寻常事

——江南戏曲

春秋时期吴国的故土在苏州一带，因此“吴门”指以苏州为中心的地区，是苏州的别称。明代中叶以来，苏州经济繁荣，文化发达，形成了“吴门书派”“吴门画派”“吴门医派”等群体。其实吴门戏曲资源也极为丰富，拔得头筹，人称“天下戏曲半吴门”，绝非虚言。明代徐树丕《识小四》之《梁姬传》中云：“吴中曲调，起魏氏良辅，隆、万间精妙益出，四方歌曲，必宗吴门。不惜千里重赀致之以教其伶伎。然终不及吴人远甚。”对这句话是否可以这样理解，明清以来遍布全国的昆曲演员，大概都是“吴伶”或“苏产”，足以说明以苏州为中心的江南文化对于戏曲的滋养、培育和促进作用非同小可。

民国时期江南的地方戏曲苏剧、沪剧、越剧、锡剧、淮剧、扬剧……各剧种皆有其独特之处。清代浙江宁海诗人孙至道竹枝词云：“椅凳安排个个勤，胭脂水粉和均匀。前堂姐妹后堂嫂，相约今宵看戏文。”反映了当地演戏、看戏的习俗。《姑苏竹枝词》“艳苏州”，对苏州一般民众热衷看戏的习俗记述尤详，其二云：“剪彩缕丝制锦云，风流男子著红裙。家歌户唱寻常事，三岁孩童识戏文。”其二十八云：“银会轮当把酒杯，家家装束妇人来。中船唱戏傍酒船，歇在山塘夜不开。”其三十云：“千金爱浪掷名优，多买歌童拣上流。学会戏文二两本，城隍庙里浪行头。”这些都是江南戏曲传统习俗的真切白描。

其实，每一种地方戏或剧种，从起源到成型，再到发展和成熟，都是民间艺人和戏剧艺术家们不断探索、不断创新的智慧成果，也是民间戏剧艺术适应时代发展和民众文化需求的历史产物。就以在上海滩人气很旺的越剧而言，它起源于浙江省绍兴府嵊县一带，清末在曲艺“落地唱书”的基础上吸收余姚滩簧、绍剧等曲种、剧种的曲调、表演艺术而初步成型，清光绪三十二年（1906）前后，开始演变为在农村草台演出的戏曲形式，曾称“小歌班”“的笃班”“绍兴

▲ 1900 年上海的戏曲演员表演造型

▲ 民国初年拍摄出品的男子戏装照——《行者武松》

▲ 民国最负盛名的京剧表演艺术家梅兰芳《贵妃醉酒》演出照

文戏”等。艺人初始基本上是半农半艺的男性农民，故称男班。据《大辞海·戏剧电影卷》记载，1917年越剧进入上海时称为“绍兴文戏”，1921年绍兴文戏一改原来的徒歌清唱为以丝弦伴奏，不久出现绍兴文戏女子科班。女子戏班林立，简称女子文戏。女班所演剧目，多自绍剧、京剧移植，故又称文武女班、女子绍剧等。绍兴女子文戏因扮相俊美、嗓音甜润、唱调流畅，逐渐取代了男班在上海的地位。当时著名女演员有施银花、赵瑞花、王杏花、屠杏花、姚水娟、马樟花、筱丹桂等，演出剧目多为才子佳人戏，如《梁山伯与祝英台》《三看御妹》《龙凤锁》《碧玉簪》等。1938年，女子文戏创演新戏，开掘新的表演程式，并改称“越剧”。时值日寇侵华，上海沦为孤岛，越剧依其柔美秀逸、以情动人的艺术，恰好迎合了当时孤岛民众的心理需求。那些美好的爱情故事，那些如泣如诉的哀怨歌声，拨动着人们伤感的心弦。此外，娱乐消费中的女性比例增加，越剧中俊生美旦、轻歌曼舞的表演，正好也符合女性的审美特点。不论是豪门贵妇，还是纱厂女工，无不对越剧情有独钟。

▲ 20 世纪 20 年代戏曲从业者演出照

30年代的上海，以江苏与浙江的移民为最多，战乱年代的离愁别恨，怀念故土的乡愁，浙江方言的念白，也最能慰藉人们孤寂的心灵，因此，上海有着越剧天然的观众群，“绍兴八邑同乡会”“宁波同乡会”都曾积极引进戏班、组织剧目串演，为越剧的振兴提供帮助。1938年推出越剧《花木兰》，也揭开女子越剧改良创新的序幕，从花木兰女扮男装代父从军讲起，到她与在沙场上浴血奋战的同伴团圆结束，寓有爱国抗日之意，可以说抗日救国的时代主题促进了越剧的革新和发展。

▲ 1939 年战争孤儿爱国合唱团的少年儿童在街头演唱爱国歌曲

月子弯弯照九州

——歌谣吟唱

何谓歌谣？根据中外学者的意见，大概可以如此定义：“多年活跃在民众口头的合乐之歌与徒歌。”歌谣吟唱是人类与生俱来的本能。古人云：“今夫举大木者，前呼‘邪许’，后亦应之，此举重劝力之歌也。”后人追溯诗歌起源，常常拿来引用，鲁迅受其启发，因此提出建立了一个“杭育杭育派”。细细揣摩这一声“邪许”，确实不是那么简单，它可以在共同劳动中沟通交际，从而协调动作，由此发展成为日常交流的语言；它更可以减轻疲劳，舒活筋骨，释放感情，致使力量大增，从而举重若轻，顺利举起大木，由此发展成为后世之歌谣。歌，是人类与生俱来的需要和本能。正是从这个意义上，我们才能理解：为什么人们对于歌会如此痴迷。歌作为人类与生俱来的本能，它渗透进生活的每一个方面。

江南民歌古时称“吴歌”，较为著名的一首《月子弯弯照九州》，始作于南宋。《吴歌甲集》载：“月子弯弯照九州，几家欢乐几家愁。几家夫妇同罗帐，几个飘零在外头。”月亮，是歌谣中常见的意象。经过数千年的漫漫长夜，中国人心中的“月”，不仅仅是一个天体，更是一种意境，一种寄托，一种思维习惯。明月亘古，人事多变。以明月之有恒，反衬世事之无常，最是令人唏嘘。尤其是南宋时期的人民，山河破碎，饱尝战乱流离之苦，身经妻离子散之悲，他们对生命、对苦难的理解，沉淀在这首感人至深的《月子弯弯照九州》里。

民国时期的歌曲，既有江南小调的痕迹，也有30年代百老汇的风格，例如周璇演唱的《天涯歌女》，这首歌曲采用了江南民歌的音乐素材，旋律优美，歌词富有诗意，将江南小调的韵味展现得淋漓尽致。江南歌谣是指流传于江南地区的民间歌曲，通常具有悠扬的旋律、优美的歌词和浓郁的地方特色，它融合了中西方音乐元素，具有独特的时代风格。民国时期外来的西方音乐元素与中国本土传统的民

▲ 清末江南唱童谣的小朋友

▲ 江南“紫竹调”最初是民间艺人磨豆腐时演唱的曲牌，后演变成沪剧《罗汉钱》的唱腔

间音乐元素相结合，逐渐形成了独特的上海“时代曲”。

江南民歌之丰富，浩如烟海，谁曾想到，在上海奉贤金汇镇会藏有一部《白杨村山歌》，吴语长篇叙事，有18个篇章，长达3 100多行，堪称江南地区最长的叙事诗之一，讲述了摇船哥薛景春与女主人公方大姐从相识相恋，到最终被拆散的爱情悲剧。现已经整理成歌词文本，像这类民间叙事诗，它首先是歌谣，歌咏吟唱之间叙述着一个较完整的故事，它不依靠文字而流传，却因口耳相传而流播。叙事歌在底层民众之间长相流传，不识字的歌手，以他们满腔的热情吟咏着不受文人重视的故事，歌唱他们的生活，表达他们的思想和情感。

江南还流行一种田山歌，在明清时代也不为文人所重视，因此也鲜有明确的史料记载，在民众口口相传中，形成了自成一体的歌唱形式。上海地区的田山歌主要集中在青浦、松江、奉贤、金山四个郊区。田山歌的吴侬软语，口口相传，最能勾起人们的各种想象和无限乡愁。劳动、家庭生活、自然知识、社会变迁，都是歌谣吟唱的内容。勤劳的江南人民一直都在辛苦地耕耘劳作，踏踏实实地活，认认真真地爱。“你有山歌你就唱，我有山歌来打发，我口头有棵山歌树，半边含蕊半边开”……山歌与人们的生活息息相关。“四月里，

▲ 聂耳（前中）指挥身着女工服装的联华合唱团在《新女性》首映式上演唱《新的女性》

麦脚黄，家家田头闹洋洋，三岁孩童寻牛草，八十公公送茶汤。”这是一幅热闹的劳动场面，孩童老翁皆积极参加，青壮年是如何卖力地投入劳动就不用说了。

▲ 20 世纪 40 年代基于江南小调改编而成的《夜上海》歌曲得到广泛传播

当然江南歌谣吟唱的内容，情歌还是占有重要的位置，它是生命中不可或缺的血脉。江南女子多情思，“眼望情哥棒捶手，只怨棒槌不怨郎”。“郎有心来妹有心，不怕山高水又深，山高自有横排路，水深自有摆渡人”。歌谣还多侧面地反映了人们的家庭生活与民俗状况。除了这些歌谣之外，还有几类比较特殊的歌谣：童谣、盘歌、哭嫁歌、哭丧歌等。童谣是在儿童之间传唱的没有乐谱的歌谣；盘歌采用一问一答的形式，考的是智慧以及对农村生活的熟悉程度；哭嫁歌源于古老的风俗，新娘的哭嫁，以歌代语，又哭又唱，从出嫁前几天就开始，哭的队伍很大，亲属一起作陪，母亲为其中最重要的角色，越伤心越好，主旨在于以悲衬喜讨吉祥，并渲染热烈的婚庆气氛；哭丧歌则比较沉重，大约为散哭、套头和经文三部分，散哭主要哭诉痛苦的生活内容；套头通常根据哭者的身份，与事主的关系，演唱相关内容；经义则结合仪式而唱，祭祀情绪较浓厚。上海南汇一些歌手一唱哭丧歌，则整个感情完全投入，一把鼻涕一把泪、不知中断地一首接一首接连而哭唱，引得听众也泪水涟涟。

▲ 20 世纪 30 年代一对年轻夫妻街头说唱情形

佛前宣卷声琅琅

——俗讲演唱

宣卷和莲花落，现在都是江南值得珍视的非物质文化遗产，也是江南社会生活中经常上演的节目之一。说起“宣卷”，用通俗的话来说，就是宣示佛经的“宝卷”，其起源可追溯到千年以前的隋唐五代时期，早期都在佛教寺庙举行。到了清末和民国时期，宣卷已从佛教文化逐渐演变为民间说唱艺术，宣卷艺人通常由多人组成班社，到乡村集镇去演出，有的依附于茶馆，挂牌演出，也有到庙会上演唱，甚至大户人家宴请，也会到人家家里唱类似“堂会”。江浙地区的宣卷甚至形成了木鱼宣卷与丝弦宣卷两类，有改革家也将丝弦引入表演艺术中。周作人在《刘香女》一文中说他“小时候听宣卷，多在这屠家门外，她的老母是发起的会首……”看得出，周作人对这种宣卷表演的印象有点暗淡阴沉。其实，宣卷虽由讲唱佛经宝卷发展而来，到清末民国已经形成曲艺的一种形式，由原来专唱佛教故事，发展到渐以演绎民间传说故事为主。阿英《年画的叫卖》一文就说：“在旧抄本《三百六十行》宣卷里，也曾记录过卖《杨家将》年画的唱词。”

莲花落，一作莲花乐，也是传承久远，源于唐、五代时的“散花乐”，最早为僧侣募化时所唱的宣传佛教教义的警世歌曲。宋代始流行民间。清乾隆以后，出现了职业艺人，莲花落在民间，由于演唱者的身份及演唱的形式不同而有派别之分。凡是子弟票友所演唱的组织，称为“清门”；而职业艺人的班社则称为“浑门”。无论“清门”还是“浑门”，都力图与乞丐所唱的“大口落子”或“大板落子”相切割，表现出与要饭花子不同的演唱风格。

无论是宣卷还是莲花落，都是又说又唱地讲故事。宣卷缘起于唐代寺庙的俗讲，莲花落源于宋代僧尼化缘的唱词。两者脱离佛的母胎，潜入俗世，扮演着双面角色，一则劝导百姓向善，尽心向佛，一则引导人们极力娱乐，尽情狂欢。或者说，虔诚的善男信女在朝佛敬神的过程中，将一些故事与唱词延伸至日常生活中来，让生活充溢信仰，又让平淡的生活增添几分色彩。为此，人们不但复制了佛道的故事与唱词，甚至连木鱼声、佛号声也一起拷贝过来，就是为了让耳根热热闹闹。所以，清末民国有评论宣卷的竹枝词云：“佛前宣卷声琅琅，善男信女跪满堂。”“宣卷先生说唱忙，因果报应道理长。”也有说莲花落的竹枝词：“手拿竹板莲花落，走街串巷把钱讨。”“莲花落子响叮当，唱段故事大家听。”都绘声绘色地描绘了民国时期江南地区宣卷和莲花落的表演场景和形式。

▲ 清末吴友如所绘在茶馆里“更唱叠和”的女艺人

▲ 晚清上海街头说唱小热昏的艺人，围观人群很多

宣卷与莲花落反映了民众的风俗与信仰，每逢菩萨、神仙老爷的寿诞日，尤其是观音庙会时期，宣卷活动常在香客的进香船上进行。与庙会相连的香汛期，香客乘船往往要接连几天几夜，宣卷活动就越发地活跃。这是江南宣卷的一大特色。它迈出宗教的门槛，跨进百姓家庭的民俗信仰活动中。民间举凡拜寿求子、小儿满月周岁、结婚闹丧、节日喜庆、结拜兄弟、遭灾生病、新房落成、家宅不安等，均请宣卷艺人来“做会”宣卷，为的是图个热闹，图个喜庆。原本讲着佛家的故事，说着佛家的经文，唱着佛家的佛号，敲着佛家的木鱼，在红尘滚了几滚，就都在世俗的生活中一次次地蝉蜕掉了。成为世俗生活的艺文。

▲ 20 世纪 30 年代，独脚戏艺人在街头说讲社会时事与传闻

▲ 走街串巷表演说数来宝的艺人，以此换取生活费用

随着时间的推移，大量宝卷湮灭，唱本流传下来并不多，手抄本更加稀少，且后继乏人，濒临失传之虞。据浙江绍兴宣卷的演出流程主要包括装香、请寿、宣卷、散花、解结、化纸六个阶段，看似“法事”，实乃演出，“散花”是演唱的高潮部分，曲调欢快，兴致高昂，是总结宝卷中人物善恶果报的环节，强调善有善报，恶有恶报，对于促进民众积德行善，具有积极的教化意义。

以浙江绍兴宣卷的表演为例，它无须搭建舞台，宣卷艺人走街串巷，随处可演，桌子一摆，便是一场戏。一般的宣卷徒歌清唱，称为“平卷”；若加二胡、三弦、月琴等伴奏，则称为“花卷”。但是，随着时代的变迁，娱乐方式的多样化对宣卷和莲花落构成了巨大冲击，其传承与发展面临着诸多困难，如受众减少、年轻一代对其兴趣不高、市场份额逐渐萎缩等，这没有办法，历史上产生的东西，也会在历史中消亡。

出奇制胜效梨园
——戏迷票友

清得硕亭《都门竹枝词》：“公会筵开白昼间，嗷嘈丝管动欢颜。新排一曲《桃花扇》，到处哄传四喜班。”说的是清代《桃花扇》《看花记》等名剧在京兴盛一时，戏迷们在公会宴会上观看《桃花扇》的热闹场景。在昆曲基础上发展起来的京剧，生旦净末丑各具特色，手眼身法步惊才绝艳，最具民族特色，梨园行对一般爱看戏、爱听戏，甚至能唱上两句者，称为“戏迷”，票友则是资深戏迷，尽管他自称“玩票”“走票”的，戏迷如同当今粉丝群的“粉”，而

“票友”则是戏迷群体中的精英和翘楚。实际上，戏迷与票友，在推动戏剧发展过程中起到了相当关键的作用。

票友，是指不以演艺为生的戏曲曲艺爱好者，也是对戏曲、曲艺非职业演员、乐师等的通称。票友之“票”，不是进入剧场买票的票，晚清京城里的戏曲理论家齐如山曾经对“票友”源流有过辨析，照齐如山的说法，清代乾隆年间，出征的将士，为排遣征途上的寂寞，自创了一些小曲。战事结束班师回朝后，将士们以自创的小曲表演，受到家乡亲友的追捧和欢迎，当时有言官对这股军士演唱小曲的风气不以为然，认为有伤风化，遂上疏弹劾大将军阿桂，阿桂上疏辩解说军士所唱、所讲的都是“打仗实迹，得胜词曲”，有助于宣扬盛朝功业。乾隆帝无话可说，准予民间继续传唱，但要加以管束，管束的方法就是在八旗子弟中发放一八角鼓样式的“龙票”，好比是一纸“演出许可证”，军中所唱的小曲最初也只在八旗子弟中流传，好比是说唱“子弟书”。

▲ 清末民初袁世凯之子袁克文是一个票友，精通音律，擅长昆曲、皮黄，颇有造诣。图为他扮演花旦的情形

▲ 民国时期上海名票杨文豹（中，饰演者）在国乐会上演出《三娘教子》的剧照

清代的演艺业，也不是想唱就唱的，需到内务府登记备案，由内务府审核发放执照，据传执照上印有两条金龙，即为“龙票”，票面上写着发给“某某票房”，“票友”就是该演出团体中的从业人员、

学徒、琴师等。可见，“票友”“票房”出现时间可能比京剧定型的时间还要早。

京剧定型后，一切都正规了，“票友”这一名称得以沿袭下来，但含义发生了变化，其核心点就在于“非职业”，亦即票友是非职业京剧演员、乐师及后台人员的统称。通俗一点说，靠演戏吃饭维持生计的，那是职业演员。倘若你另有收入来源，不是靠演戏来谋生的，就是“票友”。当然，也会有从票友转为职业京剧艺人的，开始“吃这碗饭”了，那就叫“下海”，下海者必须先行拜师，取得梨园公会的会籍。

到清同光年间，京剧逐渐取代昆曲、徽汉二调、子弟书等其他艺术形式，成为当时社会娱乐的首选，上至皇室王公贵族，下至引车卖浆的平民百姓，无不为京剧艺术的魅力所倾倒。“胡琴一响，嗓子发

▲ 上海永安百货公司老板郭琳爽是个票友，此为他花甲之年排练粤剧《金马鞍》时情景

痒”，很多戏迷已不满足于到戏园子中听戏，开始自发组织起来学唱戏，最初是比较简单的拉胡琴清唱，后来发展为置办起全套行头，聘请琴师、鼓师及其他专业人员，俨然是一个规模齐整的专业演出团体了。当时的子弟书鼓词《票把儿上台》对此描绘道：“子弟消闲特好玩，出奇制胜效梨园。鼓镟铙钹多齐整，箱行彩切俱新鲜。虽分生旦净末丑，尽是兵民旗汉官。歌舞升平鸣盛世，万民同乐庆丰年。”那就是比较高级的玩票的票友了。

民国时期著名的章回小说家张恨水，自幼爱好戏曲，喜欢听戏、看戏，也会拉胡琴，能替人伴奏，还善于向名家学习，多次以票友身份粉墨登场，客串表演，是名副其实的京剧票友。再如沪上牙医陶植之，是票友中的老前辈，习武生，颇具解数。某票房周年纪念，在愚园大排演，陶出演武生黄天霸，唯陶平日喜穿洋装，又爱梳美国式头，异常滑润，网巾不易戴，时虑脱落。不意演至“拜山”段落，言“上得山来”，用手指一指，头上所戴之戏冠帽也抛了出去，露出“花旗式”头发，台下拍掌大笑，观众争传“脱头黄天霸”之趣事。

票友对戏曲的热爱，使得传统戏曲在民间得以广泛传播，不少票友具有较高的文化素养和艺术鉴赏力，他们在学习和模仿的过程中，可能会尝试对传统戏曲进行一定的创新和修改。票友之间的交流活动频繁，相互切磋技艺、分享经验，促进了不同地区戏曲风格和流派的融合与交流。更有许多票友为戏曲相关的活动、演出等投入资金，为戏曲产业的发展贡献了力量。

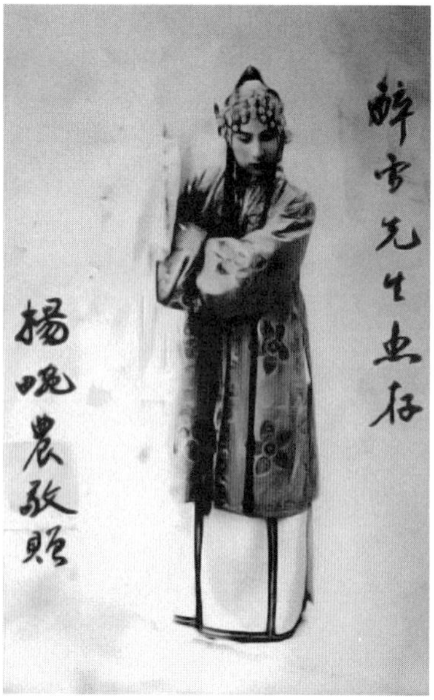

▲ 民国时期上海名票杨畹农，既是梅派名票，又是传承梅派衣钵的名师

▲ 民国时期上海名票孙钧卿（1949 年正式“下海”）在《战太平》中花云之扮相

第二章

电影产业诞生与娱乐文化

电影产业诞生之前，江南各地人们的娱乐方式，主要是看戏，京剧、昆曲以及各类地方戏曲是当时备受欢迎的。戏班子在各地的戏楼、茶园演出，观众们围坐观赏，喝彩叫好。还有听书、听评弹等，评书艺人在街头巷尾的书场、茶馆中，凭借生动的讲述和精彩的情节，吸引大批听众。此外就是民间杂耍，杂技、魔术、马戏等，艺人们通过高难度的动作和神奇的表演给人们带来欢乐和惊奇，当然，街头江湖艺人的杂耍表演也吸引着许多马路看客与观众。

在江南的乡村，大致围绕各地的庙会活动，人们不仅可以敬神祈福，还能观看各种民间艺术表演，如舞龙舞狮、踩高跷等。文人墨客们在集镇上举行雅集活动，街头艺人、民间乐队的拉二胡、吹笛子等乐器演奏，传统社会生活的这些娱乐方式丰富了人们的精神生活，满足了不同阶层和群体的精神需求。

19世纪末上海就已经放映电影了，具体说是1896年8月11日，那天是中秋节，上海徐园的游乐场，放映的是一部法国影片，当时人称“影戏”的活动影像。第一部中国电影的诞生是在1905年，地点却是在北京的丰泰照相馆，是由当时丰泰照相馆为京剧名家谭鑫培拍摄的取材自《三国演义》的《定军山》，利用日光在露天广场拍摄了“请缨”“舞刀”“交锋”等3本约半个小时。中国的第一部电影《定军山》的意义在于，它标志着中国电影的开始与起步，是中国人对电影最早的探索，也是京剧电影化的探索和尝试。

1905年中国电影的诞生具有极其重要的意义，它为大众娱乐开辟了全新的领域，电影以其独特的视听表现形式，给观众带来了前所未有的体验，通过画面和声音的完美结合，讲述丰富多彩的故事，展现奇妙的想象世界，引发了社会上人群观影的热潮。电影业的发展带动了一系列相关产业的兴起。电影院的建设如雨后春笋般涌现，为人们提供了专门的观影场所。同时，电影制作所需的设备、道具、服装等行业也逐渐形成，创造了大量的就业机会。

电影在中国的诞生是一个具有划时代意义的事件，电影中的时尚元素、生活方式等也逐渐影响着人们的日常行为和观念，对中国的文化、娱乐和社会发展产生了深远且持久的影响。

▲ 1896 年 8 月 11 日，上海徐园内的“又一村”放映了“西洋影戏”，这是中国第一次放映营业性电影。图为徐园景色之一

西洋影戏沪上传
——电影诞生

人类从公元前400年就开始探索摄影法和摄影技术，可那也仅仅是探索，当“电影”这种艺术形式真的出现在世界上的时候，已经是19世纪末期了。1895年12月28日，法国人卢米埃尔兄弟在巴黎公开放映了他们拍摄的《工厂大门》《拆墙》《婴儿的午餐》等影片，这一天，就被人们公认为世界电影的诞生日。一个多世纪以来，电影艺术有了突飞猛进的发展，有人称为是继文学、戏剧、音乐、雕塑、绘画、建筑之后的“第七艺术”。

距离法国人放映电影不到一年，即1896年，上海商人徐鸿逵在徐园的一间厢房里，将西洋影戏放给了亲友们看，那个时候的人称电影为“影戏”，说明电影的近亲是戏曲。清末有佚名作《影戏之兴》竹枝词云：“西洋影戏沪上传，光与影中故事全。”“东西影戏到春

▲ 1908 年，西班牙商人雷玛斯在上海海宁路乍浦路口用铅皮搭建一座简易建筑，起名虹口大戏院，是为上海乃至中国第一家正式电影院

申，活动非常宛似真。”影戏的称谓，并不是电影传入中国后才有的，中国的影戏已经有两千多年的历史，“借光显影”是其最基本的艺术特征。汉语之所以定名为“电影”，显然也是沿用了中国人对于传统艺术的一种语言表述习惯。事实上，电影艺术在中国的流播发展过程，也正是在与各种不同的艺术表现形态，如影戏、武术、戏曲、舞蹈、文学、音乐等相融合才逐渐走向繁荣的。

1896年上海徐园破天荒第一次放映外国电影的情况已很难考索，所放映的影片显然来自西方，当时聚集在徐园那间客厅里的一众人等第一次看到如此逼真地展现人物活动的光影，肯定是诧异莫名、啧啧称奇的。据说，1897年7月，有一位美国商人带着影片来上海进行了电影的第二次放映，内容是关于爱迪生为其“活动影戏”所拍摄的一些影片。到1899年，西班牙商人雷玛斯（A.Ramos）第一次将故事短片带到中国放映。1908年，这位西班牙商人在上海建造了中国第一家影院——虹口大戏院，此后电影放映渐渐在中国展开，并从上海扩展到北京、天津、武汉等地。

1902年，在北京的福寿堂茶馆进行了北京的第一次电影放映，此后电影进入宫中放映，并在北京逐渐展开，清光绪三十年（1904）时值慈禧太后七十大寿。为讨慈禧欢心，英国公使进献电影放映机一部和影片数套，在宫内放映，为慈禧寿诞助兴。不料这次放映极不顺利，刚放映了三部影片，发电机发生意外爆炸，险些伤人。慈禧大怒，视电影为不祥之物，此后宫内再也不准放映。但宫内可禁，民间流行的却是老佛爷无法阻止的。

1905年，北京丰泰照相馆老板任庆泰购置了一架法国制造的木壳手摇摄影机和14卷电影胶片，于1905年7月9日开始拍摄，在露天场地为伶界大王谭鑫培拍摄了《定军山》中《请缨》《舞刀》《交锋》等几场片段。这是中国人自己拍摄的第一部电影，也标志着中国电影的诞生。当时的电影在北京的放映地点多在茶馆、戏园，观众们一边观看，一边喝茶吃茶点，中途需要停机换本之时，便点亮茶馆的灯光作为观众休息时间。茶楼戏园式的放映方式，与中国传统戏曲的观看方式有着深厚的渊源，因此中国早期的电影，也延续此时期的名称，并在一定程度上，继承和发展了戏曲的特色，形成了中国早期电影的独特影戏传统，直到电影院建造起来后，放映系

▲ 民国时期虹口大戏院概貌

统才逐渐得到完善。

民国时期，中国有4亿多人口，拥有世界最大的电影市场，很多西方的冒险家来到中国后都想靠电影捞上一把。1909年，美籍俄裔商人本杰明·布拉斯基（Bejamin Brasky）投资创设上海最早的电影制片公司——亚细亚影戏公司。因经营不善，1912年转售给上海南洋人寿保险公司经理依什尔。依什尔邀请上海同行张石川加盟。张石川又请郑正秋写剧本。1912年郑正秋写出了中国第一部具有一定故事情节的电影剧本《难夫难妻》。次年，郑正秋、张石川导演的中国第一部短故事片《难夫难妻》（亦名《洞房花烛》）上映，开家庭伦理剧之先河。1914年管海峰在中国环球影片公司根据舞台剧编导的《黑籍冤魂》，已经具备了一般故事片的形态。可以说这是第一次真正意义上的电影对舞台剧的改编与拍摄，是故事片拓展艺术容量所作的有益尝试。它在短片过渡到长片的过程中起到了桥梁和纽带的作用。

▲ 1932年7月8日，由郭有守和陈翰笙发起，蔡元培担任首届主席主持成立的“中国教育电影协会”在南京成立

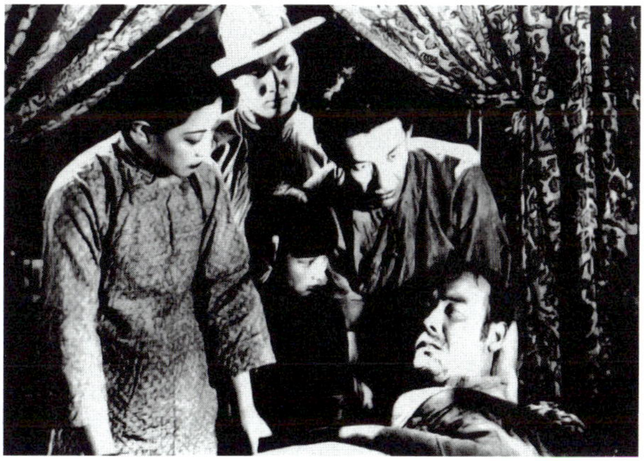

▲ 1933 年，夏衍把茅盾的《春蚕》改编为电影剧本，并由明星影片公司摄制成同名电影。图为电影《春蚕》剧照

亚细亚影戏公司在这一时期还拍摄了《老少易妻》《活无常》《杀子报》《二百五白相城隍庙》《救女得妻》《熊吓人》《慧儿》《顽仆戏主》《孤儿恨》《苦力人发横财》等影片。这些影片的取材有些来源于文明戏，有些来源于戏曲，有些来源于民间故事，通俗易懂，喜闻乐见，颇能迎合观众的观赏心理。

电影产业始开篇

——影戏生产

上海是中国电影的发源地，民国电影之兴，有佚名《影戏之兴》竹枝词云：“西洋影戏沪上传，光与影中故事全。观众云集喝彩声，电影产业始开篇。”“各式传奇堪扮演，一经入目尽称神”，描述了电影从西方传入上海，受到观众的喜爱和追捧，从而开启了上海电影产业的发展历程。

1913年，张石川、郑正秋、杜俊初等人组建了新民公司，承包编剧、导演、美工、雇佣演员和摄制影片的全部拍片工作，亚细亚影戏公司供给其拍片资金及担任影片发行。公司地址设于香港路5号洋房内，资本3万美元。1913年秋，张石川、郑正秋两人合作，会聚了当时电影行业的重要人才资源开始摄制影片，为后来公司的发展奠定了基础。

说是摄影场，其实只是在空地上垫高一尺多、铺着地板；上面用白布篷幔遮盖。影片均为无声，也无字幕。据当事人回忆，一个剧本，四五天便摄成，由小戏院放映，每票一角，但因通俗的缘故，生意甚好。而主要放映地点都是南洋群岛，大都放映给华侨观看。演员均由文明戏演员担任，女性角色都由男演员扮饰。1913年9月，亚细亚影戏公司出资、发行，新民公司负责具体拍摄，拍成了中国第一部故事片《难夫难妻》，以后又相继拍摄了《五福临门》《一夜不安》《杀子报》《店伙失票》《脚踏车闯祸》《打城隍》《赌徒装死》《贪官荣归》等十余部短片，内容大都低级无聊，或属滑稽插科打诨之类。此外，还拍摄过一些新闻片和风景片，其中记载上海讨袁“二次革命”的《上海战争》，成为宝贵的历史文献。1914年第一次世界大战爆发后，德国胶片来源断绝，公司遂告停业。

▲ 上海明星电影公司的创始人张石川

▲ 早期上海拍摄电影的场面

直至20世纪20年代，三部剧情长片《阎瑞生》《海誓》《红粉骷髅》上映，特别是影片《阎瑞生》取材于上海的一桩真实命案“阎瑞生案”，电影拍摄者追求纪实性，努力复制真实案件。因该片有生活原型，又具有新闻性和纪实色彩，所以营造出商业性的轰动效果。1921年7月1日晚，在雷玛斯所辖的夏令配克影戏院首映，前往观看此片的观众络绎不绝。据称，该影戏院“一日所售，竟达1 300余元”。可以说《阎瑞生》的产生，标志着中国电影开始走向商业化，选材开始转向现实生活并日臻成熟。

二三十年代，中国的民族资本主义迎来了短暂的春天，“民主”“科学”的思潮在国内铺天盖地涌动。一众先驱借助外来先进电影技术与器材设备，及各电影明星的努力，在默片时代造就了许多经典，电影产业迎来了第一个迅速发展的阶段。1922年3月，张石川与郑正秋、周剑云、郑鹧鸪、任矜苹等组建明星影片公司，走关注妇女、儿童及现实的拍片路线，拍摄了张石川导演的《玉梨魂》《最后之良心》和洪深编导的《冯大少爷》《少奶奶的扇子》等影片。明星影片公司的兴起产生了强烈的激励效应，1925—1927年，上海成立的电影公司多达140家。如大中华百合影片公司、神州影片公司、旅美华侨从纽约迁回上海的长城画片公司、民新影片公司、天一影片公

▲ 1926 年，上海画家陈抱一（左二抱小孩者）与田汉（左三）等在江湾画室拍摄电影《到民间去》

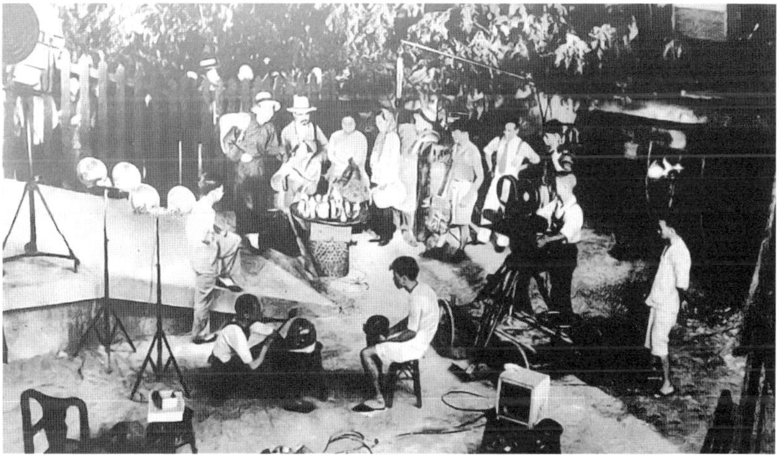

▲ 电通影业公司《风云儿女》拍摄现场

司等。1928年，明星影片公司开拍18集的《火烧红莲寺》，1929年开始拍摄现实题材的故事片《故都春梦》，获得成功后又促成了联华影业公司的出现，与明星影片公司、天一影片公司鼎足而立。

自1930年开始，中国电影界进行了第一批有声电影的试验。如明星影片公司的《歌女红牡丹》（1931）、天一影片公司的《歌场春色》（1931）等。九一八事变与一·二八事变后，中国电影事业跌入低谷。民族危机激发了民众的民族意识和救国愿望，观众的观影兴趣发生改变。此时，中国共产党领导下的左翼文艺运动开始关注并介入电影，夏衍、阿英、郑伯奇、阳翰笙、沈西苓等一批左翼文化工作者加入各制片公司，对中国电影创作产生了重要影响。

▲ 战时大后方的电影生产。摄影师正在制作文件胶片

▲ 上海黄河路 21 号的卡尔登大戏院

▲ 上海贵州路 239 号的北京大戏院

影片连映人潮涌

——影院剧场

清光绪二十九年（1903），西班牙商人雷玛斯携带一架陈旧的电影放映机和若干电影片子抵达上海。在南京路的同安居和福州路的升平楼、青莲阁茶楼内放映，雷玛斯因此财源大开，赚得许多银子，遂于1908年在虹口海宁路、乍浦路上，用铁皮搭建了一座有250个座位的电影院。铁皮房子尽管简陋，它却是上海的第一家电影院，也是中国第一家电影院。雷玛斯见电影院有利可图，又在海宁路、北四川路修建了另一座设备较完善的维多利亚大戏院。以后雷玛斯又先后兴建恩派亚、卡德、万国、夏令配克等电影院，成为十里洋场著名的电影商。1926年，雷玛斯携带着他在上海经营20年电影业所获的巨大利润回国，在此之前把除虹口之外的5家电影院转让给前一年刚成立

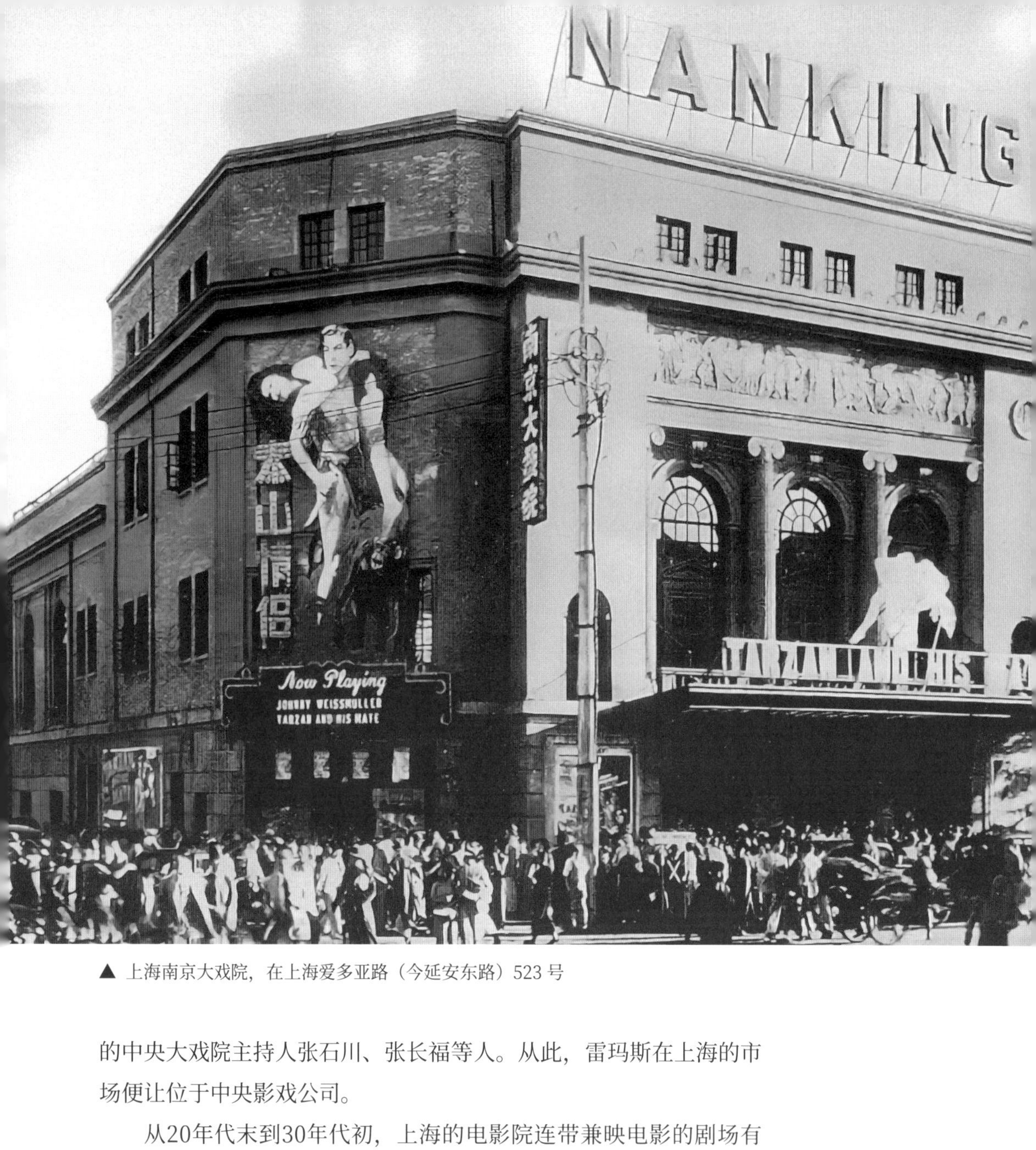

▲ 上海南京大戏院，在上海爱多亚路（今延安东路）523 号

的中央大戏院主持人张石川、张长福等人。从此，雷玛斯在上海的市场便让位于中央影戏公司。

从20年代末到30年代初，上海的电影院连带兼映电影的剧场有近百家，许多设备先进、建筑豪华的一流电影院都出现在这个时期。民国时人竹枝词《影戏之乐》云：“影院林立上海滩，声光绚烂映华堂。影片连映人潮涌，娱乐之都夜未央。”描绘了民国时期上海影戏院的繁荣景象，影院众多，影片精彩纷呈，吸引了大量观众，展现了当时上海作为娱乐之都的热闹与繁华。

1922年，浙江籍商人徐颂新见放映电影有利可图，遂筹资在北

▲ 上海宁波路 586 号的新光大戏院

▲ 大上海大戏院，在上海虞洽卿路（今西藏中路）500 号

海路云南路（今云南中路）口建造申江大戏院，租借他人电影院的影片放映，1923年2月16日正式开映。但因片源缺乏，上座率不高，惨淡经营一年后，入不敷出。徐颂新与孙少安合营，将申江大戏院改称“申江亦舞台”，还是改演京戏。电影业兴起，上海的京戏受影戏业冲击，已不景气，加上又没有相对固定的名角支撑，因此此举并未改变徐颂新的困境，终在1925年4月24日被百代公司收购，改组为中央大戏院，成为放映明星影片公司影片的主要场子。1926年4月2日，中央影戏公司设总办事处于仁记路（今滇池路）35号，并正式营业。由它所控制的电影院计有中央（今工人文化宫剧场）、新中央、恩派亚、卡德、万国、中华、平安等7家，从此，国产影片在上海得以全面上映。30年代后，由于大光明、南京、国泰等一大批设备先进、设施齐全的一流电影院出现，中央影戏公司无法与之竞争，1936年3月22日股东会议上通过决议，将公司下辖全部戏院出租。之后，中央大戏院除放映电影外，也兼营戏剧演出。1942年后，就作为沪剧演出的专用场子了。

1928年至1932年，是上海电影院迅猛发展的时期，其中如国泰、兰心、新光等一些第一流的电影院，都是这时兴建的。到了1933年，大光明和大上海两家设备完善的电影院先后在上海租界中心建成，使电影院的建设又向前迈进了一步。1928年，潮州籍商人高永清与美国商人合资，购进派克路原卡尔登舞厅旧址（即今黄河路长江剧场南）的地产。又耗资20万元，兴建大光明大戏院，并向美国特拉华州注册，12月23日以美国影片《笑声鸳影》举行戏院落成首映式。但高永清不善影业经营，1931年11月起停业，由以英籍华人卢根为总经理的联合电影公司收买和租赁。卢根决心以大光明大戏院为据点，排挤和压倒上海的其他影戏院，遂投资110万元，将旧戏院以及附近建筑全部拆除重建。重建后的新大光明大戏院，成为一个附设咖啡厅、弹子房、舞厅、剧场的多功能综合性剧场，它多达2 000个舒适沙发座位，宽敞的售票厅、富丽堂皇的休息厅、浅绿色的盥洗室，都显示出当时最现代化的气派，被称为远东第一大影院。

可以与大光明相媲美的是于同年耗资80万元建成的大上海大戏院，30年代初由上海融融股份有限公司创办。该戏院由著名建筑师陈植设计，电影院为七层钢筋水泥建筑，剧场仅用底层。造型壮观，外墙用黑色玻璃作贴面，中间嵌以霓虹灯，内部全部用橡皮地板铺成，既具良好的隔音效果，又使行走其上的观众步履稳健。1933年12月6日，以《女性的追逐》（My Weakness）首映开幕，成为可与大光明大戏院抗衡的一流电影院。

旧上海第一流电影院，还有美琪大戏院、卡尔登大戏院、国际大戏院、国泰大戏院等，都在上海的电影发展史上留下了它们难以磨灭的印记。

宜有高楼贮美人

——电影明星

不用说什么明星，就是在日常生活中，一个面容姣好，或者很有魅力的男女，很自然地会博得人们的好感，更何况缥缈的电影屏幕为这些明星进行着魅力加持。因此，随着电影的兴起，活跃在银幕上的男女演员也迅速成为观众心目中的明星。自然，观众们蜂拥而至，

▲ 首位在好莱坞星光大道留下名字的中国影星黄柳霜

▲ 民国影后阮玲玉，端庄清丽，艳压群芳

心甘情愿掏钱，只为一睹芳容。实际上，明星也不是电影的衍生物，“明星效应”也不是电影创立的，早在电影这种媒介出现之前，戏曲舞台、各种戏曲演员的表演，还有美轮美奂的歌舞表演也早就有引人注目的“明星”显山露水。只不过，电影明星将这一切做到了极致。时至今日，电影明星仍然有粉丝追捧，吸引着人们的注意力。

当电影艺术刚开始出现时，人们对电影明星的崇拜几乎到了狂热的地步，许多人为了某明星甚至要死要活，不能自已，毕竟电影作为彼时至高无上的娱乐形式，很少有其他媒介能够与之抗衡。现在人们也许还能有些理性地来区分与界定“偶像”与“粉丝”间的心理和行为，而在20世纪30年代，观众对电影明星的崇拜几近于面对天神。据说，1933年，电影明星顾兰君首先在旗袍左襟开衩，连袖口也开了半尺长的大衩，她这一开衩不要紧，一时弄得全上海的摩登女性竞相仿效。以后，旗袍因开衩的关系，旗袍里面又盛行衬马甲，旗袍的腰身也越做越窄，完全贴身，将全身的曲线充分显露于外。有“大漠诗人”之称的南汇顾佛影曾咏道：“是处风光异沪滨，海波潋滟涤胡尘。已教明月生凉夜，宜有高楼贮美人。化作鸥凫原可喜，梦为蝴蝶亦前因。消他十斛葡萄酿，醉向沙边说项陈。”

30年代有“中国电影女神”之称、曾被誉为中国最优秀的电影演员之一、民国第一美女影后胡蝶，和阮玲玉、周璇并称三大明星。胡蝶是中国电影史上的一位巨星，参演了一百多部影片，主演了中国第一部有声电影以及中国第一部彩色电影，中国电影历史博物馆大堂第一个矗立的蜡像便是胡蝶。

阮玲玉也是当时的无冕影后，因为她很擅长扮演中下阶层的女性角色，深受大众的喜爱，被西方媒体誉为“中国的嘉宝”。她16岁出道拍摄电影，至25岁而终，在其短暂的9年演员生涯中，总共出演了29部电影，是中国默片时代成就最高的女演员之一。当时有一个

▲ 最早创立影歌两栖模式的影星与歌星周璇，《夜上海》的原唱者

▲ 横跨中国默片时代和有声片时代的“电影皇后”胡蝶

▲ 毕业于广州女子师范学校的影星陈云裳（原名陈云强）

倔强执着的南方姑娘李绮年，原名叫李楚卿，1912年出生于香港，与阮玲玉一样，也是广东人，她一生都在追慕其偶像阮玲玉，堪称阮玲玉的铁杆粉丝，追慕到什么程度呢？凡是阮玲玉主演的电影，她必然要去观看，有时竟会连看五六遍，她的卧室里到处贴挂着阮玲玉的肖像与出演海报，30年代，17岁的少女李楚卿因为追星，做了一件足以改变她一生命运的事。为了得到阮玲玉的签名照，她瞒着父母，拉着两位闺蜜，从香港乘轮船来到了上海，就是为了能与阮玲玉在上海谋得一面。她在上海独自生活了一年之久，每天要做的事情，就只是看阮玲玉的电影及联华公司的影片。

这位香港来的李姑娘充满激情的上海之行，为的是见到阮玲玉，讨一个签名玉照。这位李姑娘最终到底有没有如愿以偿？现在已无法考证。倒是李楚卿的父亲，不能忍受她的追星之举，一怒之下，将墙上那些阮玲玉的照片统统扯下来，付之一炬。李楚卿怎么能承受这样的打击，她痛哭一场，然后冲出家门，离家出走了。离家出走后的李楚卿不弃旧梦，决心前往香港大观影片公司报考演员，结果命运垂青，一举得中。经过短期速成训练之后，大观公司和她签订了三年合同。就这样，李楚卿改名“李绮年”，从此步入了电影圈，开始了她梦想中的银幕生涯。

然而不久后她又遭遇了一个更为致命的打击——1935年3月8日，在舆论和感情双重打击下的阮玲玉不堪重负，在家中服安眠药自杀，年仅25岁。阮玲玉自杀离世，使得此时已改名李绮年的姑娘李楚卿痛不欲生，当时的各种报道说她曾经为此跳海自杀，后被救起，捡回一命。

何为明星？主要是指那些在电影、文艺、体育等方面具有很高吸引力和关注度的知名人士。所谓“明星效应”是指名人的出现所达成的引人注意、强化事物、扩大影响的效应。所以不管在哪个时代，追捧明星，无可厚非，但还是要适度为宜。

十里洋场春似海

——综合艺术

1920年6月21日，《申报》刊登了一篇《上海竹枝词》，其中有“黄浦江上划船多，烟雨楼台听棹歌。十里洋场春似海，美人名士共消磨”的诗句，这首竹枝词好像说的是那个年代上海消费主义的奢华生活。然而，近代上海可不仅是一个商业性消费城市，也是工业化水

▲ 郭沫若、于立群与《屈原》剧组合影

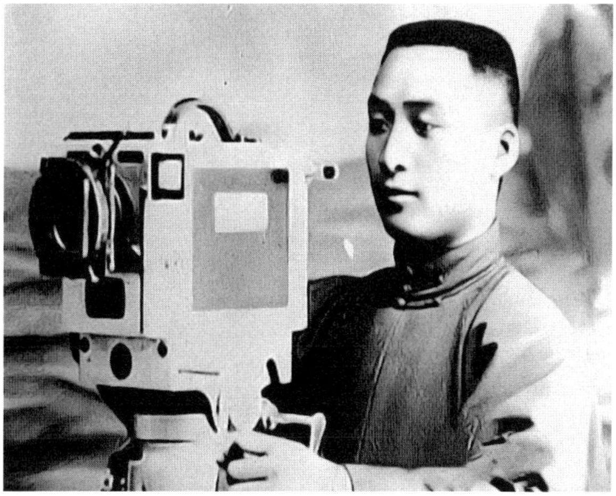

▲ 早期上海电影制作公司的摄影师

▲ 20 世纪 30 年代上海电影拍摄片场

平发展程度较高的城市。

电影是一门综合性很强的艺术形式，就以电影生产和制作的流程而言，它是很“烧钱”的产业，电影的从业者属于自由职业者，与公务员、工商职员、产业工人不同，其从业特点是流动性高、收入不稳定、薪酬差别大、兼职现象普遍。学徒、厂工、临时工、普通职员、高级职员、明星、导演、编剧、顾问、影评人，虽然都在电影行业里出卖劳动，但收入存在巨大差别，拍摄好一部影片不知要“烧”多少钱。

好在30年代的上海商业繁荣，商品经济发达，腰缠万贯的商人可以为电影产业的发展提供足够的资金。而当时大量西式教育的涌入，加上整个上海的市民文化对于外来事物的包容，也为电影工业化提供了很好的基础。当时的上海同时具备了政策、资金、人才、技术、观众等合适的因素，使得电影产业在上海迅速地发展起来。上海电影工业化的兴起为上海电影产业逐渐形成了完整的产业链，从电影制片到发行、放映、宣传等环节都逐渐完善。电影工业化的兴起，不仅促进了上海电影的商业化发展，也推动了电影艺术的创新和发展。电影工业化为上海电影的商业化奠定了基础。上海电影产业逐渐形成了以电影公司为核心的产业体系，这些影业公司在激烈竞争中，尽管生生灭灭，总体规模还是逐渐扩大，生产设备和技术水平也得到了提升。

1931年九一八事变和1932年一·二八事变爆发后，民众抗日救亡的热情和宣传抗日的呼声日益高涨，要求电影在抗日救国中发挥作用。在中国共产党的领导下，中国左翼文化运动勃然兴起，大批进步文化人士进入电影界，积极推进左翼电影的创作。如在中央大戏院首映的《狂流》，新光大戏院首映的《春蚕》《香草美人》《盐潮》《上海二十四小时》，北京大戏院首映的《都会的早晨》《三个摩登女性》《中国海的怒潮》，南京大戏院首映的《母性之光》，卡尔登大戏院首映的《小玩意》等。其中，由夏衍编剧、程步高导演的《狂流》被认为是“中国电影新路线的开始”。

中国共产党领导下的左翼联盟的电影小组根据新的斗争形势的需要，通过司徒慧敏争取了司徒逸民等进步文化人士的合作，把一家原先经营器材的名为“电通”的公司改为影业公司，团结了司徒慧敏、袁牧之、应云卫、许幸之、王人美等一批进步电影人。短短一年内，就出品了《桃李劫》《风云儿女》《自由神》《都市风光》四部影片，左翼电影人的社会观念和电影意识在这些影片中得以集中体现，在艺术上也进行了较为深刻而有益的探索。

人们也许并不知道，上海电通影业公司得到过上海精武体育会会长朱庆澜将军的资助。1934年，朱庆澜出资赞助上海电通影业公司拍摄抗战电影《风云儿女》。原作者是田汉与夏衍，田汉创作了最初的故事，编剧夏衍，许幸之导演，作曲聂耳、贺绿汀，录音司徒慧

▲《小玩意》剧照，叶大嫂（右阮玲玉饰）与她的女儿珠儿（中黎莉莉饰）

▲ 1940 年电影《丽人行》片尾剧照，上官云珠（左）、黄宗英（中）和沙莉（右）三位女性在水边相遇，正可谓滚滚江水千年不绝，水边丽人代代常换

敏，摄影吴印咸。主要演员是王人美、袁牧之。影片主题曲是《义勇军进行曲》，主题歌是《铁蹄下的歌女》，由著名歌唱家张权演唱。这部影片讲述了青年知识分子从象牙塔毅然走向抗日前线的故事。

剧作家田汉刚刚拟好电影故事梗概和主题歌的歌词，不料于1935年2月19日被国民党政府逮捕入狱。田汉被捕后，音乐家聂耳找到夏衍，承担了《风云儿女》主题歌作曲创作任务。聂耳曾随从朱庆澜将军从上海赴热河保卫战前线采访，这段采访经历，对《义勇军进行曲》的创作和诞生具有重大的历史意义。影片中的主题歌开始并没有确定歌名，聂耳从日本寄回来的歌词谱曲的名称也只写了《进行曲》。作为东北义勇军的总司令和电影赞助人朱庆澜，在“进行曲”三个字前面加上了“义勇军”三个字，《进行曲》遂改名为《义勇军进行曲》，由上海百代唱片公司灌成唱片，公开发行，对国人产生了很大的激励作用。它高昂的旋律象征着中华民族在那个风云激荡的年代的不屈精神，因此深受欢迎，传唱很广。新中国成立后，《义勇军进行曲》成为我们今天令人荡气回肠的中华人民共和国国歌。

红男绿女斗繁华

——影戏乐园

上海早期的电影院，气氛还是沿袭旧式戏园子的风格，环境逼仄，嘈杂拥挤。1909年《图画日报》上刊有以“五更调”的韵语形式和讽刺口吻描绘的早期电影放映的情景：放映场所只在晚上营业，开场之后大鼓号筒不绝于耳，吵得一塌糊涂。当时上海有一家流行杂志《礼拜六》，据该杂志主编王钝根形容，有一家他所去过的影戏场，破败不堪，挂着旧布帘，摆着破木椅，“秽气熏蒸，香烟刺鼻”。临到电影放映时，更是“万声齐作，有机器声，有军乐声，有涕吐声，有谈话声，有喝彩声，有小儿哭声，有托盘小贩买杂物声，有妇女买糖食水果声，有嚼甘蔗声，有香烟误触人衣彼此争詈声，有妇女手中小孩被陌生人调弄声，有少年游语妇女佯骂声”，令人难以忍受的噪声不绝于耳。你说，这种环境是去看电影呢，还是去受折磨，让忍不住夺门而出的观众感叹，看一次电影简直“不啻游地狱归也”。

1913年之后，情况有了好转，多家更为专业的电影播放场所出现了，当时都以“影戏园”相称。自1913年6月3日东京活动影戏园

▲ 20 世纪 20 年代的上海大戏院

▲ 1931 年兰心戏院

▲ 20 世纪 30 年代的美琪大戏院

开业，1914年和1915年及以后，又相继出现了爱伦活动影戏园、大陆活动影戏园、夏令配克影戏园、东和活动影戏园、万国影戏园、共和活动影戏园等逐一开张，并在沪上各中文报纸刊登广告，这些影戏园的软硬件设施得到显著改善。东京活动影戏园的广告称，本园“房屋宽畅、座位清洁、应酬周到”，共和活动影戏园的广告，则夸耀本园为“不惜巨资在方板桥自建西式高大戏园”，虽然广告不免夸大其词，但至少这些场所注意从通风、清洁，以及座椅的舒适程度和注重服务等方面能够保证观众的观影体验与感受。

进入20年代之后，上海影院的建设显然提速了。中国影戏院公司原属于天津，在北京、天津等地拥有多家电影院。1922年，该公司在上海派克路静安寺路（今黄河路南京西路）兴建卡尔登大戏院（Carlton Theatre）、卡尔登舞厅等设施齐备的多功能娱乐场。1923年2月9日，卡尔登大戏院以《卢宫秘史》首映开幕，因设备和规格均超过当时其他电影院，遂有“上海第一影戏院”之称。1924年，英美烟公司买办郑伯昭与原英美烟公司大班托马斯联合创办孔雀电影公司，并在虹口虬江路北四川路建造奥迪安大戏院，直接取得美国派拉蒙公司新片首映权，给卡尔登大戏院以极大打击。中国影戏院公司曾一度设法在奥迪安大戏院附近租借场地，创设平安大戏院（今永安电影院），与奥迪安大戏院竞争，未能成功。1928年，卡尔登大戏院南边的卡尔登舞厅，被迫转让给潮州商人高永清，并被改建为大光明大戏院。

20年代的上海，渐成国际化大都市，许多西方流行的娱乐方式登陆中国的第一站都首选上海。其中就包括电影，美国好莱坞大片和欧洲主要影片公司新鲜出炉的影片，都会同步来到上海。电影传

▲ 20 世纪 30 年代上海国泰大戏院

播的价值观念、时尚文化，也对上海人的生活构成了重要影响。这里有必要说一下大光明电影院，该电影院的前身是大光明大戏院，由卡尔登舞厅改建而来，1928年12月23日开业，京剧大师梅兰芳亲自为其剪彩。1932年，英籍华人卢根与洋商、华商成立联合电影公司，收购了已停业的大光明大戏院，并邀请匈牙利著名建筑师邬达克在大戏院原址设计一座新的电影院。新影院为钢筋混凝土框架结构，具有典型的现代装饰艺术风格。1933年6月14日，重建的上海大光明电影院揭幕首映，放映的是美国大片《热血雄心》。进门有门童拉开门，入场有白俄美女领票。夏天影院自带冷气，影片是宽银幕，场内共有座位近两千个，音效是立体声，大片+小众影片应有尽有，影片都是远东最新甚至与全球最新同步。外语听不懂，没关系，1939年11月，大光明电影院给配备同声翻译服务。大光明影院凭借自身一流、奢华、人性化的服务和设施晋升为远东第一影院。当然，这里的票价比较贵，一般在6角与2.5元之间，而一般人每月的生活费可能不到

▲ 20 世纪 40 年代末的上海大光明电影院

8元。当年的一些新片，日本人只能巴巴地坐船来上海观看。《紫罗兰》杂志上刊登了一首名为《南京路竹枝词》的诗，其中有“南京路头春日斜，红男绿女斗繁华。香车宝马如龙舞，断送多少好韶华”的诗句，描绘了南京路上的热闹场景，包含着对大光明电影院在赞美之下的讥讽。

剑影刀光侠客行

——武侠影像

民国时期拍摄的电影，是中国电影史上流光溢彩的一页，折射出20世纪30年代中国社会变幻，体现出强烈的爱国情感是最难能可贵的一点。民国时期也出现了一些武侠题材的电影，作为中国独有的电影种类，滥觞于这一时期。那个年代的社会充斥着血腥和动荡。1928年明星影片公司出品影片《火烧红莲寺》，改编自平江不肖生（真名叫向恺然）的畅销武侠小说《江湖奇侠传》，由张石川导演，郑正秋编剧，被电影史学家称为中国电影史上武侠神怪片的开山之作，也即中国第一部武侠电影。

《火烧红莲寺》说的是位于湖南浏阳、平江两县交界处的赵家坪，青年陆小青自幼跟随昆仑派大师学习武功。学成后回到家乡，后父母双亡，只得再次离家出游寻师。某日，陆小青至红莲古寺借宿，发现殿中蹊跷。寺庙里的知客僧见陆小青发现了他的秘密，便威胁他受戒为僧。陆小青不从，知客僧欲灭口，后见小青颇有武功，遂遁去。小青欲出古寺，却发现四周都是铁壁。危急中，有侠士柳迟从屋顶破梁而入，救出了陆小青。路上，两人遇见军官赵振武，赵正在寻找失踪的长官卜文正。原来卜文正为官清正，私访时被红莲寺的知客僧劫

▲ 1925 年，张慧冲执导的武侠电影《劫后缘》海报，引发反响

▲ 1927 年张石川导演的《山东马永贞》是中国电影史上早期的武侠片代表作之一，对后来武侠电影的发展产生了一定影响。图为该电影海报

持。知客僧将其扣在一铜钟内，要把他活活饿死。柳、陆让赵振武回去搬兵，他俩返回红莲寺打探情况，路上又遇到了红莲寺的庙主常德庆。常德庆武功了得，发出“掌心雷”令柳、陆两人无力招架，幸得女侠甘联珠赶来相助，使出梅花针绝技，打败了常德庆。此时，赵振武已引兵围住红莲寺，经过一场激战，众人救出卜文正，破了地穴，但知圆、知客两僧等却从地道中逃跑了。在《火烧红莲寺》中，中国电影人首次使用原创“接顶”摄影法和“空中飞人”的拍摄方法，来表现武侠片中的刀光剑影，衣袂飘飘，极大地促进了中国电影拍摄技术的提高。

中国人为什么喜欢武侠？其实，古代真正侠客的生活都很清苦，完全没有后来文学作品中所描写的那样优哉游哉的浪漫生活。在国人武侠情结的背后，其实折射出一种复杂的民族心理，有许多很有

▲ 1928 年张石川导演的《火烧红莲寺》，改编自平江不肖生的畅销武侠小说《江湖奇侠传》，掀起了中国电影史上第一次武侠电影热

▲ 武侠电影《火烧红莲寺》有剑仙斗法的奇异场景

意思的隐喻、象征，有许多观念、假设、空想，解读之后，总让我们联想起一些使人心动的东西。“侠之大者，为国为民”，是一种大义凛然；“十步杀一人，千里不留行”，是一种自在潇洒，更有英雄的豪气万丈与红颜的温柔一笑。

江湖在何处？不在天上，不在地下，只在行走之间，只在人的心头。即便你的人生一直在连轴转，忙得不可开交，中国人看武侠，不为消遣，而是一种精神的寻觅和情怀的寄托。民国初年作家郁慕侠在《上海鳞爪》“狂潮之一瞥”中说：“入民国后，最大的是交易所潮，其他如话剧潮、卷烟潮、牙粉潮、画报潮、横报潮、模特儿潮，等等，潮来潮去，已牺牲了许多金钱和许多生命。”“最近的电影潮和武侠小说潮还在继续产生，方兴未艾。唉，上海的狂潮！”

▲ 平江不肖生，武侠小说作家、电影编剧，湖南平江人，时年 39 岁

清末民初上海为什么会掀起武侠热的狂潮？那是一个不安定的年代，在乱世，武侠是一种寄托，是战斗的旗帜，当然有时也是精神鸦片。在长达两千年的封建禁锢中，武侠代表了对体制的叛逆，对自由的追求。中国有武侠，不是我们落后，而是对人类超出人类能力的一种根深蒂固的向往。每逢乱世之中，反而有对武侠文化的向往。明清交际之时，武侠小说发达，清末民国之间，剑仙小说与电影一齐上阵。这些武侠本质上是一种对超人的向往，共产党人瞿秋白当年写下“济贫自有飞仙剑，尔且安心做奴才”。时人还有“剑影刀光侠客行，恩仇快意一身轻”，因为武侠小说向上能成为神话，向下也能成为写实。武侠小说家之一的平江不肖生，本身是一位技击家。孙中山在民国时代便倡导武术，为精武体育会题词“尚武精神”，两度去上海精武体育会发表演说，他曾说“自火器输入中国之后，国人多弃体育技击之术而不讲，以致整个社会积弱愈甚，却不知最后五分钟之决胜，常在对面五尺地短兵相接之时”。意思是说武术虽然不能敌枪炮，但却可以强化一个民族的尚武精神。青年毛泽东为国家开出的药方是“文明其精神，野蛮其体魄”，也是同样的意思。

秋光荏苒休孤负

——光影荏苒

清末电影诞生，从默片时代、无声电影到有声有色的故事展现，从20世纪初民国肇建到30年代电影业的发展，这几十年也是中国历史上风云激荡的大变革时期。封建余孽的顽固抵抗，外敌的野蛮入侵加剧了中国人民的苦难，兵荒马乱，狼烟四起。然而这个历史时期又孕育着社会进步、思想解放的种子。那个时期的电影，如夜空中一闪而过的流星，短暂却又绚烂夺目，独特的社会情态造就了一批拼命努力向前的电影人。

那个年代，不论是由晚清言情小说发展而来的鸳鸯蝴蝶派作品，

▲ 1923 年，明星影片公司出品的《孤儿救祖记》（张石川导演）奠定了早期中国电影影像传奇性叙事的传统，借鉴戏曲的“传奇”叙事

才子佳人苦情艳情的作品，还是1927年北伐失败后，大批文人会集上海，带来的进步思想，抑或九一八事变和一·二八事变后，面临国破家亡的危机四伏，“猛醒救国”成为大部分电影的主题。左翼电影时期是民国电影的黄金时代，大量优秀的电影作品诞生，人生看似简单，却承载了太多的情非得已；生活看似容易，有时候却让人身心疲惫。每个人都有说不完的故事，道不尽的无奈，生活的琐碎，百般的滋味，万事藏于心，一言难尽。

电影作品是人做出来的，无论是导演、制片、编剧、演员、音效、舞美……都离不开一个个具体的人，也许看一部片子，可能会被它的情节、节奏、特效等外部的东西所吸引，但看电影最终还是看人，一个个活生生的个人的光影活动，他们不是工具或拥有高级智慧的动物，而是有真正喜怒哀乐的人，一部动人的电影核心是要有一个动人的人。

且说全民族抗日战争时期那些打动人心的影片，每一部成功影片都是优良人性的闪耀。1937年袁牧之拍摄的《马路天使》，生动地再现了社会底层的妓女、吹鼓手、歌女、琴师的苦难生活，影片用活泼的喜剧手法传达深沉的悲剧内容。周璇主唱的《天涯歌女》也成为当时脍炙人口的流行歌曲。浮云终会散去，苦难也终成往事。1937年拍摄的电影《十字街头》，也是截取了生活的一个横断面，通过四个失业的大学毕业生不同的思想性格和生活道路，描写了青年知识分子的时代之痛以及在那个时代中的苦闷、彷徨和挣扎。正是著名表演艺术家赵丹在影片中将处世阅历不深、稚气、热情、纯朴到有点傻气的知识分子“老赵”形象演绎得自然、生动、挥洒自如，电影才有了看头。再如1947年出品的《一江春水向东流》，把全民族抗日战争前后将近10年间的复杂社会生活，浓缩到一个家庭的遭遇之中，形成了一个曲折动人的故事，看似老套，其实是契合了那个年代中国人的世俗生活，直击人性的痛点。抗日战争胜利后本以为“一切都结束了”“熬到头了”，孰料迎来的是物价飞涨，“连一封信也寄不起了”；而曾经日思夜想的“良人”“忠良”，此时早已是翻脸不认人了。再读一遍李煜的原诗，就都理解了：一切的一切，的确就在那滚滚东流的一江春水中了。

▲ 中国第一部获得国际荣誉的影片《渔光曲》（蔡楚生导演），图为该片海报

▲ 中国第一部蜡盘发音有声片《歌女红牡丹》（张石川导演），图为该片海报

观察民国时期的那些电影人，值得一提的是导演与表演艺术家袁牧之，他少年时代受新戏剧运动的影响，对演文明戏产生了浓厚兴趣。13岁就读上海澄衷中学，15岁那年，他加入了应云卫、谷剑臣、欧阳予倩、洪深等前辈艺术家主持的戏剧团体，成为一个小演员。1927年，袁牧之开始进入东吴大学学习法律。在大学里他加入了辛酉剧社，并扮演了许多俄国人编写的剧本里的角色。在演剧之外他还抽空写作剧本，并在多部戏剧如《五奎桥》《回春之曲》《怒吼吧！中国》等剧中扮演角色。在职业演剧期间，他没有固定收入，除了演剧有一些微薄的收入外，还有一些他创作剧本等著作得到的微薄稿费，可以说他是过着清贫的生活。

袁牧之在他的话剧演出生涯的实践中彰显出他所具有的天赋与才华，逐渐形成了自己的表演风格。在电通公司拍摄的第一部影片就是《桃李劫》，第二个男主角是在影片《风云儿女》中，他扮演的人物叫辛白华，是从东北流亡到上海的一位青年诗人。电通公司存在的时间很短，仅仅拍摄了四部电影，其中由袁牧之主创的就有三部。片中的歌曲《四季歌》《天涯歌女》也是由他主创，这两首歌的传唱经久不衰。1937年，他编导的《马路天使》成为中国电影史上的扛鼎之作。

▲ 1922 年理查德·贝尔在电影《喜剧之王访沪》中饰演查理·卓别林

▲ 1948 年上映的《小城之春》由费穆执导，文华影业公司出品，图为该片剧照

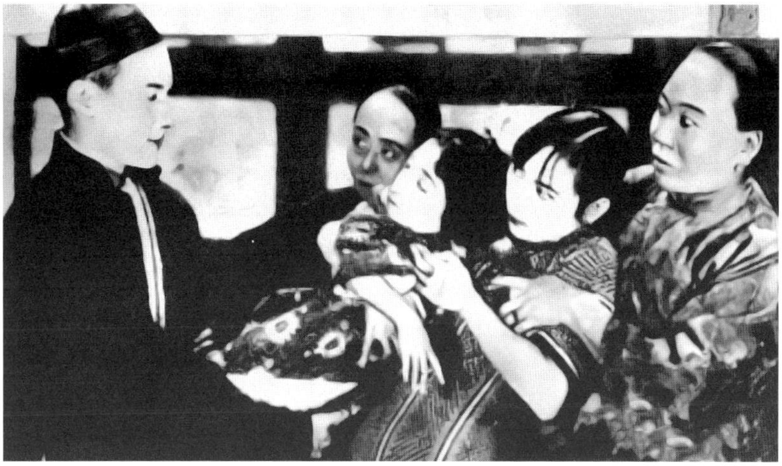

▲《歌女红牡丹》(1931)剧照。该剧为中国第一部有声电影

电影传来新思想

——思想产业

民国时期有一首《影戏之妙》的竹枝词:“银幕闪烁映人间,故事悲欢展眼前。电影传来新思想,丰富生活乐无边。”这首竹枝词描述了电影作为一种时尚媒介,给人们带来的新奇体验和丰富的精神享受。它通过银幕展现出各种故事,让观众感受到不同的情感和思想,同时也为人们的生活增添了乐趣。

电影是一门思想产业,是因为它不断推陈出新,提出独特的理念、故事和表现手法,以吸引观众并引发思考,更要包含深刻的主题、对人性的探讨、对社会问题的关注等,激发观众的思考,涵盖各种不同的思想、观点和文化表达,满足不同受众的需求和兴趣的多样性,能够敏锐地捕捉和反映社会的思潮、问题和趋势。当电影作为思想产业时,它通过影像、叙事和艺术手法,将创作者的思想传递给观众,引发情感共鸣和思考,从而对社会和文化产生作用。

尽管初期的国内电影首先是作为一种商品,而不是艺术品出现的,这种资本的逐利特性,制约了电影的发展,使得严肃的思想和社

▲ 1933 年，第五届全国运动会电影摄制组。此运动会举行时，国民政府进入建设的高峰期

会批判性无法很好地表现出来。在技术上和艺术上都远落后于同时代的世界电影，这与当时缺乏电影理论的指导有关。晚清时期的《大公报》，远比《申报》《游戏报》更加强调电影的“开风气，牖民智”。1909年8月2日《大公报》刊登一篇《照妖镜》的文章。文章写道：“看电影不但可以开心解闷，又可以阔眼界、长学问，他那影片上所演的种种故事，有许多是西洋极有学问、极有阅历的人编纂出来的”，刻意强调电影的“知识属性”，其实也是很片面的。

在蔚然成风的“尊西趋新”潮流里，近代“中国读书人不论是维护还是反对中国传统，基本都是以西方观念为思想武器的”，民国时期的电影人，一般都以西方为本位比附或援据西洋思想。既“西”且“新”的电影（西洋活动电光影戏），似乎有着毋庸置疑的先进价值。1916年蔡元培在演讲中提出：“关于通俗教育，尚有一轻而易举之法，则电光影戏是也。”关于电影的“知识性”观念，相应地也开始确立多种不同方向的建构路径：中国国产电影事业中的知识功能、新式工具书和教科书知识系统中的知识元素，更进一步不约而同地应和着现代报刊及图书的常识话语建构。

电影作为一种大众艺术形式，对人们的生活方式产生了深远的影响。它不仅为人们带来了娱乐和消遣，还能够唤起各种情感，如喜悦、悲伤、愤怒、恐惧等。这些情感体验可以让人们更加深刻地理解自己和他人的感受，增强情感认知和表达能力。电影中的画面、音乐、服装、场景等元素可以影响人们的审美观念。通过观看不同类型的电影，人们可以接触到各种艺术风格和表现形式，拓宽审美视野。看电影常常是一种社交活动，人们可以与朋友、家人或恋人一起观看电影，分享观影感受，增进彼此之间的关系。电影可以展现不同国家、地区和时代的文化特色和价值观。通过观看电影，人们可以了解到丰富多彩的文化，促进文化交流和理解，能够引发对人生、人性、社会等问题的思考，激发人们的创造力和想象力。总之，电影作为一种强大的艺术形式，能够以多种方式刺激和丰富人们的生活方式。它不仅是娱乐的来源，更是人们探索世界、理解自我和他人的重要途径。

▲ 电影《马路天使》(1937)，袁牧之执导，赵丹、周璇、魏鹤龄等主演。针砭时弊，让人们看到了那个时代社会的种种弊病。图为该片剧照

▲《一江春水向东流》(1947)，由蔡楚生、郑君里导演并编剧，白杨、陶金、舒绣文、上官云珠等主演的剧情片

上海都市化进程中，移民的生活方式已经开始改变，需要通过文化消费帮助自己融入新生活，休闲时候需要有点宣泄性、消费性娱乐，而同时在这些娱乐的过程中间，他们又希望能够得到一些新的生活经验。早期的商业文化，在很大程度上不仅仅是满足人们的消费需要，实际上也是在满足人们对新都市规则学习和熟悉的需求。1926年2月创刊

▲ 电影《八千里路云和月》(1947)剧照，史东山执导，陶金、白杨参与演出

于上海的《良友》画报，1931年创刊于上海的《玲珑》，是中国最早的时尚杂志，它们都很重视通过电影媒介，“提倡社会高尚娱乐，增进妇女优美生活”，关注都市女性的生活、婚恋、常识、衣饰美容、育婴、电影等资讯。此外，电影、广告、月份牌等也是民国时期的重要时尚媒介，它们通过影像、图片和文字等形式，传播时尚信息，影响着人们的审美和生活方式。

精英文化关注的是创新性，但是大众文化和流行文化关注的，是一个可复制的情感宣泄。作为思想产业的电影就奠定了流行文化的开端，借助于电影和报刊等各种大众媒体的互动来形成和推动电影文化的流行。

第三章

西式博彩娱乐与市民休闲生活

民国时期，上海作为远东地区的重要城市，其市民休闲生活也是丰富多彩。博彩娱乐，赛马跑狗，落袋台球，回力球场，梵铃演奏，百乐门跳舞，书场听书，张园游艺，游夜花园，酒吧夜店，古董把玩，赏玩鸣虫等，构成了丰富多彩的社会生活的一部分，即使如电影、看戏、跳舞等娱乐活动，包括五光十色的夜生活，也吸引了众多腰缠万贯的阔佬以及阅历丰富的成年人竞相前往消费。众多高档舞厅纷纷提供诸如华尔兹、探戈之类的社交舞蹈，进而成为上层社会人士进行社交活动和娱乐消遣的重要场所。

年长一些的人会在茶社喝茶、去饭馆用餐，彼此分享收获，交流谈心；而年轻人则往往结伴出入电影院、弹子房、溜冰场，甚至参与跑马场和回力球场的赌博活动，以此来打发和消磨他们的闲暇时光，在传统与现代之间徘徊不定。到20世纪20年代中后期，跳舞逐渐成为一种时尚娱乐活动，这一时期，上海舞厅也如雨后春笋般地涌现。而在30年代，上海营业的舞厅数量常年维持在30家以上，“跳舞之风，盛行海上。自沪西曹家渡而东，以及于沪北，试一计之。舞场殆不下数十”。位于上海静安区万航渡路和愚园路转角处的百乐门舞厅则是当时最有名的代表，曾有“远东第一乐府”的美誉，一度成为许多人对近现代“上海摩登”夜生活进行想象的主要承载物。

公园游园是当时民众消磨闲暇时光的上佳去处。上海大世界是远东规模最大的游乐场，曾流传着“不到大世界，枉到大上海”的说法。大世界提供了极为丰富的游乐项目，涵盖戏剧、曲艺、游艺等，并且实行一票畅游的制度，因而吸引了数量众多的游客。一般收入不太高的知识分子会参加像看电影、看戏、跳舞等一类低消费的活动；有中等收入的人，则会参加一些类似骑自行车、划船、游泳等体育活动或西方式的沙龙、郊游活动。民国时期的上海也是全中国最大的赌场。不仅有大型赌场，还有许多流动的赌摊。赌博和买卖股票业务吸引了大批投机家和渴望一夜暴富的赌徒。

西式博彩娱乐和市民休闲生活是当时社会风貌的一个重要方面，它们既反映了上海的国际化和现代化，也暴露了一些值得深思的社会问题。

▲ 20 世纪 20 年代上海跑马厅的赛马是一场公开的赌博

年年赛马在春秋

——赛马跑狗

清道光二十三年（1843）上海开埠后，不到六七年的光景，到道光三十年英国商人霍格、吉勃、兰雷、派金、韦勃5人组织跑马总会，自任董事，在现南京东路、河南中路交界处，以每亩不足十两银子的价格“永租”土地81亩，开辟了上海第一个跑马场，俗称“老公园”。由于场地直径不大，骑手经常把马骑到外边的泥石路上，人们把这些路称作马路，上海人称城市道路为“马路”大概即缘于此。

1851年开始第一次赛马。这批英国商人很会做地皮生意，到1854年就把老公园分成10块，以每亩超过200两银子的价格卖出。当年又从浙江中路南京东路两侧以9 700两银子的代价圈地170亩建造了第二个跑马场，俗称“新公园”，即上海第二个跑马场的原址。清咸丰十一年（1861），他们又以100 036两银子的价格，抛售出新公园。翌年再以低价购进泥城桥以西土地，辟筑了上海第三个跑马场。当时霍格与英国驻沪领事一同向上海道台提出，要求划出西藏路以西地段，建一条长1.25英里的跑马道。在清政府当局同意下霍格用低价强征了西藏中路、南京西路、黄陂南路、武胜路周围的农田466亩，每亩折价仅25两银子。当时场地中间还有一个有70余座房屋的村庄，霍格等人强行以30两1亩地，100两1座房的低价强行征收，在清政府和英国人的重压之下，广大农户根本无力抗争，最终用这块土地建成了号称远东第一的上海跑马厅。

西式赛马就是一种带有娱乐性质的赌博，十几匹各有号码的四蹄畜生下场充当赌具，由穿着五色彩衣的骑师们操纵，同时跑马总会又操纵着这些骑师。哪匹马跑得最快便得奖，不过往往是这匹马的彩票卖掉最少。尽管如此，赛马，逐渐成了上海人的时兴盛会。晚清作家吴趼人这样描绘道："这三天之中，那些看跑马的人，真是万人空巷、举国若狂。"从19世纪50年代到20世纪40年代，上海以赛马为题材的诗文、小说和新闻，多得难以统计，足以反映赛马、跑马在上海风俗史上的地位了。当时有人作《赛马》竹枝词："年年赛马在春秋，绿耳华骝迥不侔。一霎如飞几十里，争看骏骨占鳌头。"后来洋人看到赌马有利可图，便将赛马场也向华人开放。颐安主人《沪江商业市景词》写道，在高额奖金的诱惑下，"每逢赛马各西商，半住街房聚赌忙。引得华人如蚁附，兴高采烈大开场"。他认为这种赛马极大地败坏了社会风气。民国学者罗汉《华人跑马场》竹枝词："络绎香车去马场，春秋两赛竞华商。先鞭一着齐呼彩，赢得佳人为捧觞。"

▲ 1920年上海江湾跑马场边上有女眷休息，可见拖家带口看赛马

▲ 民国时期上海南京路西侨青年会大楼上拍摄的跑马厅赛马场，可见跑道和看台等，下面的马路就是南京西路，右侧的黑色大楼是国际饭店

▲ 1938 年上海逸园跑狗场

跑马场老板依靠赛马赌博聚敛大量财产。跑马总会对赛马只进行组织工作，并不供应马匹，参赛马匹均由马主私人豢养。跑马总会的收入除门票以外，主要靠赛马时博彩抽成，清宣统元年（1909）以前，采用挂牌定额分彩的方式，由各赌摊的老板向跑马厅交纳保证金后在场内设摊开赌，盈亏由摊主负责，跑马厅坐收盈利。以后为了追求更多利润，在赛马之前发行各种彩票，其中以香槟票为最多，华人买此彩票者甚多。以20世纪30年代计，每次赛马门票5元，一场售数千张，加上各种彩票，每天净收入数以10万计。到全民族抗日战争前夕，跑马总会尚积余2 000多万元。

由于赛马能够骗取和搜刮大量的钱财，此后上海郊区江湾、引翔港也有跑马场出现，这是中国官僚买办勾结外国人开辟的。由于“跑马”生财有道，于是不断有人花样翻新，以吸引更多人入场。外国人于1928年开设“逸园”“申园”“明园”，上海人俗称“跑狗场”，其比赛的方法，是用外国狗追逐电兔，以先到终点者为胜。此中弊端百出，不胜枚举，上海人受骗丧资者无数。

二三十年代，是跑马总会的全盛时代，1932年，跑马总会拆除了旧屋，花费200万两白银，由英资马海洋行设计，重建成一座钢筋混凝土结构，100多米长，4层高的新楼，建筑面积21 000平方米。1936年，作为万国体育会的债务担保人，收买了万国体育会5/8的股票，1938年全部接收了万国体育会的财产，跑马总会成了整个跑马厅所有场地的真正主人。直至1941年12月，太平洋战争爆发，跑马总会也被日军占领。1945年10月，日本战败投降，英国董事才返回跑马厅，恢复活动。

▲ 1937 年上海跑马总会和跑马厅鸟瞰

玉手轻抛银弹去

——台球落袋

台球，又称为“弹子球”，是一种使用球杆在台球桌上击打球的娱乐活动，当然也是一项运动。上海人称打台球为“落袋”，这个称呼与台球游戏的规则和目标有关。台球游戏的核心目标是将球击入球桌的6个袋中（每个角落各一个，长边中间各一个），因此“落袋”这个词就很形象地描述了游戏中球被击入袋的过程。早期的台球使用的是象牙制成的球，而在上海方言中被称为“弹子”，因此，打台球就被称为“打弹子”。

台球运动起源于欧洲，最初可能并没有统一的名称。有种说法是，1510年左右台球出现在法国，法国国王路易十四在凡尔赛宫玩的台球是“单个球”（single ball）。据说一开始是在户外地面上挖个洞，把球用木棒打进洞里面去，玩法有点像高尔夫球。后来才从室外改在了室内桌子上，在桌上放一个用象牙做的拱门（Port）和一根象牙立柱叫“王”（king），用勺形棒来打球，把球打进门或碰到柱上便可得分。由于法王路易十四御医的建议，这项活动得到了法王的喜爱和关心，一时间上行下效，逐渐风靡。但英国人认为，台球是他们的发明，世界上第一张台球桌，出现在15世纪，只不过当时的球桌跟现在的差别很大，那个时候没有球袋，只有拱门或柱门，后来人们在球桌中心开了一个圆洞，再后来又在桌子的四

▲ 清末上海租界里外国人打台球的情形

▲ 清末《图画日报》上的张氏味莼园打弹子图

▲ 1919 年上海精武体育会台球室

角开了4个洞口，洞口的增加同时也激发了人们玩球的兴趣，一直到在桌子上开6个袋口，才演变成了今天落袋式台球球台的雏形。但到了19世纪后期，英国人将台球称为“斯诺克”（Snooker），据说英国还成立了全世界第一个台球协会。不论怎么说，说台球起源于欧洲，是不错的。

台球最早是在19世纪末期传入我国，那也是有钱人或闲得无聊的贵妇人的游戏，被称为是“贵族运动”，与普罗大众是没有什么关系的，晚清画家吴友如的《海上百艳图》中就有打弹子的女人。1883年有竹枝词题咏女子到弹子房的情形：“何从世界觅清凉，士女相将趁热肠。玉手轻抛银弹去，打球肯让醉三郎。”当时画报上刊登了妇女在弹子房打台球的画面，譬如1893年画家吴友如在《飞影阁画报》画的一幅题为“明眸皓腕”画，就是描绘女性打台球的情景。民国上海文人描写台球的竹枝词《台球》：“一球击出定胜局，众人喝彩声不停。台球桌上分胜负，技巧策略并施行。”绘声绘色地道出了台球比赛的场景，人们在台球桌上展开激烈的角逐，通过击球技巧和策略来争取胜利，同时也吸引了众人的围观和喝彩。

民国时期的上海，打台球很流行，也很时髦，出现了台球室的普及，私人开办的小规模台球厅（俗称弹子房）遍布城市，尤其在租界地区非常流行。例如，上海英租界有名的弹子房“一品香”和“华众会”生意非常火爆，不仅吸引了男性顾客，摩登女性也成为常客。无论是前卫的男士还是时尚的女性，都参与到了打台球这一活动中，表明台球在当时已经成为一种社交活动，受到社会各阶层的欢迎。1913年上海精武体育会美术部主任沈泊尘作《新新百美图》，专门有“打桌球”妇人的图画。在民国时期，许多报纸上经常可以看到弹子房的广告，进一步证明了打台球在当时的流行程度。

台球被誉为“世界四大绅士运动”之一。在那个年代，只有上层或富裕的家庭才享用得起。因此，台球运动被贴上了“高雅”和“贵族”的标签。清朝末年，台球运动传入中国之后，以“打弹子”为名，行赌博之实的风气相当盛行，到民国时期，这股赌博之风更是在酒吧和夜店的休闲游戏中盛行。这种社会环境里，酒精、赌博以及其他夜生活方式合流，毫不奇怪。而人们打台球往往不是为了消遣和娱乐，而是台球赌博的代名词。一时间，商家见有利可图，便趋之若鹜，弹子房如雨后春笋涌现出来，在报刊上也常常看到它们的广告。无论是前卫男士还是摩登女子，都成为弹子房的常客。后来，这项娱乐运动在中国走向了歪路，很多人利用“打弹子”进行赌博，且赌注很大。1882年《申报》发表了《中国之仿西法但得其似而不得其真》一文，批评国人不该“习西法之弊”，可谓一语中的。

▲ 1925 年的上海台球俱乐部

▲ 20 世纪 30 年代，上海客利饭店的弹子房

▲ 1930 年 2 月 7 日上海回力球场在亚尔培路霞飞路（今陕西南路淮海中路）开张

西人爱上打球场

——回力球场

陈伯熙《上海轶事大观》一书中指出：“沪上洋场十里，为西人势力范围，五方杂处，良莠不齐，故赌博之风虽禁例森严，亦不能清其源也……初泥城桥以西为中国自辖之区，黠者每当赛马之日，公然于此开场聚赌，以收渔人之利……当时西人以权力不隶置之不问，华官耳目不及，亦不过问。”从西方引进的回力球运动，也慢慢地成为一种流行的赌博工具。

回力球，最初是西班牙北部巴斯克地区的儿童向峭壁击球的游戏，后来演变成一种运动项目，并在地中海沿岸国家流行，之后传到南美洲和中美洲一些国家。由于运动量大，紧张激烈，很快就演变成了一种赌博活动。这项运动传入中国以后，因其快速的比赛节奏和较高的观赏性，也具有赌博输赢的刺激性。

20世纪20年代末，一个叫蒲甘的美国人，勾结了法国律师逖百

▲ 民国上海中央回力球场夜景

▲ 20 世纪 30 年代中央回力球场的内景，回力球员飞身救球的情景

克和埃及商人海格，以及法商汇源信托银行经理步维贤和华人陆锡侯、朱博泉等几个中国买办，共同发起创设了一个回力球场，地点就设在上海法租界亚尔培路（今陕西南路）上，这个回力球场名义上的大名叫“中央运动场”，实乃一处名副其实的大赌场。这伙冒险家和投机分子，于1929年登报招股，说设立发起股20万两白银，其实发起股就是干股，干股通常是指持股人未实际出资的情况下，从他人处获得的股权，或由他人代缴出资而取得的股权。募得大量银两，由几个发起人瓜分而坐享其利。这家回力球场，经法国驻上海的领事签发开业执照，开业时间是1930年2月7日，直到1945年才歇业。

回力球场是个特殊场地，长56公尺，宽13公尺，成狭长方形。场顶装满照明灯，前墙后墙和左面，都是坚实的石墙。右面是高齐屋顶的大铁丝网，网外是赌客看球赛的座位。前墙和地面都画有界线，球员发向前墙的球，要打在界线内，球着前墙，顶回落在地上，也要落在界线内。比赛时一般都由两个球员对打，甲球员把球发向前墙，球落地弹起后，乙球员接住，还击前墙，失守的即输了一分。如此一来一往，就叫“回力球”。比赛前有六个球员，分着红、蓝、白、黑、黄、绿彩衣，编成号码。观众既是看客，也是赌客，因为要凭自己眼光在认为可以取胜的球员号码上下注，购博赛票。比赛结果出来后，博中者即可凭博赛票领取奖金。

▲ 上海中央回力球赛现场观众

球员20来人，大抵是西班牙、墨西哥和古巴的职业球员。比赛分为单打、双打和红蓝大赛。赌博的名称有独赢、位置、双独赢、赢连位、香槟票（摇彩票）等名目。赌客赌注下在不同球员的输赢上。一盘结束后，赌客就知道结果。赌券在每盘开赛前几十分钟内发售，分2元、10元两种。回力球场方就此获得极大收益，每日佣金至少四五千元。当时报上有《西人打球场》竹枝词："西人爱上打球场，蹴鞠从来捷者强。若个圆形为满月，任人抛击自回翔。"

▲ 回力球场的外籍球员在做赛前运动

回力球场自然需要"跑票"的职工，由中国人担任，职工有六七百名，其中职员300多名，跑票300多名。赌场老板对待中国员工，待遇微薄，薪金也不见增加，他们最早每月所得还有三担米钱，到后来由于物价上涨，只有几升白米可买。跑票的境况更惨，场方收了他们的押柜钱，却不给薪金。他们幸而代赌客领到几笔彩金，还有些小账可得，否则的话，一天下来也只能空手而归。回力球场老板是双面掠夺，一面掠夺赌客的钱财，一面又盘剥场内员工，显示出资本逐利贪婪自私的本性。

回力球场赌博的方式是赌客通过购买不同编号的球员作为彩票，如果购买的球员赢得比赛，购买者就能获得彩金。回力球场通过出售球票（实际上是赌注）来盈利，每日可收球票款二三十万元，球场从售票款中提取15%至20%的利润，其余才是彩金。回力球运动的赌博性质也带来了许多社会问题。许多人因沉迷于回力球赌博而倾家荡产，甚至有人因输了大赌注而丧命。一些商号和工厂为了防止员工参赌，特别制定了禁止入场参赌的规定。尽管存在这些问题，回力球运动在民国时期的上海仍然非常流行，成为那个时代娱乐游艺的一部分。直到抗日战争胜利后的1945年，这家回力球场被作为敌产由政府没收。后改名为上海市立体育馆，并一直延续到1949年上海解放。

弦上音韵诉衷肠
——梵铃演奏

电影《聂耳》中有一个很经典的镜头，就是身居陋室的聂耳每天练习拉小提琴的情景。20世纪20年代聂耳居住在上海石库门房屋的三层阁楼里，他不得不将上半身从老虎天窗伸到外面来。从他手中的小提琴里飘扬出美妙的音乐，仿佛是艺术的自由精神从逼仄的生存空间里，艰难地摆脱出来，飞向辽阔的天空。在一个遥远的年代，三层阁“禁锢”与“狂想”的双重叙事，向人们诉说着旧上海的往事。

小提琴是在清朝末年传入中国的，随着列强的侵华战争和通商、传教等活动加快了传入中国的速度。在这个过程中，一些欧洲的专业或业余乐师来到广州、上海、京津及东北等地活动，并开始教授一些中国人学习小提琴。中国第一代小提琴家大多受到西洋乐师的培训，但初期他们演奏的全是欧洲传统小提琴曲。上海人称小提琴为“梵铃”，是根据小提琴英文“violin”的音译而来。当时的文人墨客用竹枝词对其进行了描述，例如：“梵铃轻摇声悠扬，弦上音韵诉衷肠。”小提琴轻摇时发出的悠扬声音，以及弦上音韵所表达的内心情感十分丰富，也吸引了人们参与学习操琴技艺。

在当时的上海，音乐艺术界也在不断发展和吸收新元素，如音乐家司徒梦岩将梵铃伴唱粤曲模式引入其中，作为中国最先专设小提琴教职并在市民阶层开展相应培训与推广活动的社团组织——上海精武体育会，开启了小提琴中国化的探索。该会自1918年起聘请中外小提琴教员，普及与培养社会人才，推出以演奏粤乐为主的各种“梵铃”表演形式，组建起一支在上海社会同类乐团中名列第一的管弦乐队。

▲ 清末上海受外国人指导的土山湾鼓号队合影

令人印象更深刻的是，霍元甲的亲授弟子、主持精武体育会的武术高手陈公哲，是沪上第一个在音乐厅公演中独奏“梵铃”的中国人。陈公哲是上海精武体育会的实际掌门人，1919年他撰写《记梵铃》一文，收录在1919年编辑、1920年出版的《精武本纪》中。作者说：“余性好乐，而冗于事绌于学……比得西洋四弦提琴，所谓‘梵铃’者，尤心窃爱之。”接着他以这一乐器从发明到成熟的“与日俱进之势”与中国“三代之琴瑟至于今”的雅乐相比：“初习之，只与常乐等耳，久之而后若有会于心，则取吾国之所谓雅乐者，并习之，以比较其得失”，但他并非主张中国音乐的全盘西化，而是希望不要“惮于变易，墨守准绳”，希望从小提琴的学习出发，进一步融合中外古今音乐之长为一体，以使中国音乐获得绵绵无穷的发展动力，“取古今中外之乐连贯研习，合其所长交互损益之，俾成一统系之学，传诸无穷，梵铃云乎哉。”

▲ 20 世纪 20 年代俄国著名小提琴演奏家罗申科在精武体育会指导并表演

至于上海最早演奏小提琴的人，根据现有资料已难以确定。但值得一提的是，司徒梦岩（1888—1954），名傅权，字梦岩，出生于上海的广东开平籍商人家庭。据其女司徒志文所述，司徒先生少儿时就喜爱学习二胡、三弦、扬琴、笛箫与小提琴等中外乐器，以及粤剧、

▲ 1931 年 2 月，人民音乐家聂耳刚到上海不久，得到了自己的小提琴，这把小提琴始终伴随着他

京剧演唱；1904年16岁时赴美，初攻读机械工程专业，后转造船专业，同时课余学习小提琴演奏与制造。1915年27岁时回国，任上海江南造船所工程师。1917年成为中国首次设计承造四艘万吨巨轮（美国运输船）的主要设计者之一。1926年出任上海江南造船所首位华人总工程师。

▲ 1926年，被上海美术专科学校校长刘海粟聘为小提琴教授的谭抒真

▲ 20世纪30年代电影明星陈云裳拉小提琴照片

司徒梦岩加入精武体育会后，开始了他工职之外的教学、译谱与演奏生涯。他以通俗易懂的中外曲目（绝大多数是粤器乐曲目）的独奏，与一两件中外乐器的小合奏，尤其是他开创的小提琴主伴粤曲演唱的形式，是后来粤剧以小提琴为“头架”（领奏）的滥觞，影响深远。1923年1月15日，在精武体育会与中华音乐会于南京路市政厅联合举办的音乐歌舞国操大会上，以及同年12月15日、16日，在精武体育会于北四川路横浜桥中央大会堂举办的两场游艺会上，一些器乐独奏均由司徒梦岩奏梵铃以和之。曲调甚婉转，音节亦合律，聆者为之神怡。

民国初年，江南地区的人们对于音韵动人的西洋乐器，既好奇，又欢迎，“飘来异乐音嘹亮，尽是胡笳塞外传”。

吾爱此天上人间

——舞厅之门

社交舞会，作为一种起源于西方的社交活动，传入中国后，在不同的社会阶层和群体中有着不同的表现形式。如上流社会的宫廷舞会、社交舞会、家庭舞会、成年舞会、慈善舞会等，当然有时也会根据特定的主题举办的社交舞会。清光绪二十三年（1897）的一个夜晚，上海礼查饭店，留着辫子的大清官员和西装革履的洋人觥筹交错，宴会结束后，又翩翩起舞，有点时空交错的感觉。这是上海道台蔡钧邀请洋人一起参加的盛大舞会，也可以说是上海举办的第一场官方舞会。清末上海本地的一些富商、权贵和知识分子渴望接触和融入西方文化，以显示他们的身份和地位，他们积极参与和模仿西方的社交活动，推动了社交舞会的流行。

到了民国，舞会的勃兴，“忽如一夜春风来，千树万树梨花开”，舞会似乎成为了一种时尚的象征。上海的媒体和出版物对西方社交舞会进行了宣传和介绍，让更多的人了解到这种社交形式的特点和魅力，从而引发了人们的兴趣和尝试。自那以后，社交舞会在上海就成为一种时尚和潮流。一些接受过西式教育的年轻人更容易接受和喜爱这种西方的社交方式，他们成为了社交舞会在上海流行的重要推动力量。面对眼花缭乱的各色舞会，有钱的阔佬与社会上的交际花按捺不住了。各种舞蹈，独步、狐步、二人旋转舞……逐一闪亮登场，在各种舞厅掀起了一股跳舞的热潮。20年代的上海，先后开张了很多豪华大饭店，如新卡尔登、派利、大华等，它们大抵是餐饮、影院连带附设舞厅的，各种奢靡的生活方式竞相呈现。初期参与者可能还是以老外为主，伴舞女郎也主要是白俄或日本女子为多，所以不论怎么“热”，在上海本土普通民众百姓中的影响还是有限。

▲ 20 世纪 30 年代上海百乐门舞厅

但到了1927年，上海的跳舞业似乎可以用“炸裂”来形容，对跳舞痴迷的人，也由最初的小众变成了上海市民大众娱乐项目中的首选，从1928年《申报》刊登的广告来看，舞

▲ 20 世纪 30 年代百乐门舞厅里的歌女与乐队

▲ 20 世纪 30 年代上海吴淞路舞厅内景

▲ 20 世纪 40 年代上海社交舞会上的舞女们

鞋卖到脱销，跳舞长丝袜和女士跳舞带供不应求，甚至跳舞厅里为了保全舞者肺部的一种糖浆——“保肺浆”，也要来蹭蹭热点……真个是“暖风熏得游人醉”，上海的跳舞业，可谓进入全盛时期，寻欢作乐，达于极点。1932年，一个名叫顾联承的商人花了70万两白银，购下毗邻静安寺的一个地块，建造了高悬“百乐门”招牌的舞厅，大门的上方还有横写的“Paramount”的英文，原意是“至高、最大”，可能是突出它的高档，上海人以音译习称“百乐门”。很迎合当时上海人追求吉祥如意、大富大贵的心理。有趣的是“Paramount”还是美国好莱坞四大电影公司之一的名称，但看美国大片时，上海人却习惯将该电影公司按其谐音取名为“派拉蒙”。一个英文词语，两个译名，足见上海人在协调中西文化方面的创造能力。

百乐门舞厅高共三层，底层为饭店和管理处，二楼三楼为舞厅；最大的舞池有500余平方米，舞池地板用汽车钢板支托，踩上去富有弹性，故人称弹簧地板；三楼有可供少部分舞伴跳舞的小型玻璃舞池。舞厅建筑面积2 550平方米，钢筋混凝土结构。建筑造型为近代美国式，转角顶部耸立有9米高的圆柱形玻璃钢塔。每当夜幕降临，繁星闪烁，人在遥远处，一眼便可看到百乐门钢塔顶上熠熠闪亮的灯光。这钢塔、这光亮，也成了百乐门的一个抢眼标志。百乐门舞厅少不了达官显贵、名媛淑女、社会名流、文人雅士等各色人等的频繁出入。

百乐门建筑宏伟富丽，设施齐全豪华，尤其是强大的舞女阵容在上海独占鳌头。1947年，百乐门组织了一班全华人乐手的乐队，足可与外国乐队媲美的“百乐门爵士乐队”，有许多中国民歌，其中像《夜上海》《玫瑰玫瑰我爱你》《香格里拉》等歌曲，怀旧，优雅，富有异国色彩，或从中引申理想化的生活情调。30年代有佚名《百乐门》的词：“月明星稀，灯光如练。何处寄足，高楼广寒。非敢作

▲ 20 世纪 40 年代南京国立戏剧专科学校的师生在跳交谊舞

遨游之梦，吾爱此天上人间。”由此可见百乐门舞厅的繁华景象，灯光闪烁，如同梦幻般的世界。

百乐门象征着上海在那个时代的繁华与摩登，它代表了一种新兴的、西化的娱乐方式和社交方式。对于当时的人们来说，这扇“门”打开了对新奇、奢华和放纵的欲望。在动荡的社会背景下，人们渴望在这样的场所中暂时忘却现实的困苦，追求片刻的欢愉和满足；百乐门高昂的消费门槛使得它成为了上层社会和富裕阶层的专属领地，同时也刺激了相关产业的发展，如服装、餐饮、交通等。这扇“门”背后隐藏着巨大的商业利益和消费市场。从人性角度而言，百乐门满足了人们对于虚荣、攀比和社交认同的心理需求。进入百乐门，意味着能够接触到社会的精英阶层，展示自己的身份和地位。这种欲望的驱使也使得百乐门成为了一个充满诱惑和竞争的场所。

然而，百乐门的繁荣也揭示了社会的贫富差距和阶级分化，对于大多数普通民众来说，这扇“门”是遥不可及的，只能望而兴叹。这扇门既是上海繁华的象征，也是社会不平等的一个缩影。光彩夺目的舞厅，当然只是大上海娱乐行业的一角，它灯红酒绿，又黑暗无比；它销金如尘，又让人乐此不疲。那些粉红佳人、大佬巨商，风流最终雨打风吹去，只留下一抹淡淡的记忆。

花园静谧景清幽

——游夜花园

上海的园林特色，也是循着江南园林的路子，造园本来就是文人士大夫与主流社会交往的一个重要途径。只是到清中叶至晚清民国，作为商业巨埠的定位和海运枢纽的区位特色，上海的园林在城市经济的浪潮中逐渐挣脱传统定位，溢出苏州文人园林清雅朴茂的风格，呈现多元和世俗的面貌，最终形成“海派园林”。

传统的中国园林，尤其是私家园林，通常在夏日酷暑中，不会设立夜花园，不是它清高不想设立，主要还是限于特定的条件和背景，其一，是园林性质的转变，传统园林多为私人所有，主要作为居住、休闲和文化活动的场所，只有私园迈出走向商业发展的路径，以营业为目的，如1885年张园的开放、1890年申园和愚园的开放等，一些私家园林逐渐成为向公众开放，朝着逐利的路子狂奔时，其园林的功能和性质才发生了变化，为夜花园的设立提供了可能。其二，夜花园须有电灯的发明和电力的普及，在电灯出现之前，夜晚的照明主要依靠火把、灯笼等传统光源，这些光源亮度有限，难以满足公园夜间活动的需求。而只有在满足了这两个条件，城市居民的生活节奏和娱乐需求以后，园林才能够向新的方向发展。在炎热的夏季，人们需要一个凉爽舒适的环境来避暑，其背后最终还是经济利益的推动所致。

▲ 清末上海小校场年画中的“海上第一名园”张园游艺情景

▲ 1909 年《图画日报》所绘上海愚园

此外，更有一个直接原因，沪地滨江临海，每至夏日，酷热难耐，夜幕低垂时方凉意渐生。“夜花园”在清末民初的上海，是一种特殊的夏季避暑娱乐场所，它的出现与上海夏季炎热的气候有关，在没有空调设施的年代，人们需要在户外寻找凉爽的空间来避暑。由于上海夏季高温潮湿，人们需要寻找凉爽之地，而夜花园恰恰提供了这样的环境。夜花园从初夏开始营业，一直持续到入秋，这段时间正好是上海最热的季节。夜花园的开放时间通常从傍晚开始，直到深夜，让人们可以在凉爽的夜晚享受户外清凉的空气来休闲。当时有竹枝词《夜花园之景》云：“夜色如水月如钩，花园静谧景

▲ 清末上海私家花园徐园内坐着的几位美女

清幽。繁花争艳香满径，游客沉醉乐忘忧。”通过对夜色、月色和繁花的描写，营造出夜花园的宁静和清幽，让游客们沉醉其中，忘却人世间的争斗与忧愁。

沪上夜花园最早出现的时间可追溯到清末民初。据《重修沪游杂记》记载，在1888年之前，申园已开夏日夜游之例：“若炎暑之日，则彻夜灯火，游人不断，须日上三竿，乃整归鞭焉。”1899年，《游戏报》亦登载了“缙绅贵介，富商大贾，以及书楼妙选”。随着上海休闲文化的发达，越来越多的游客进入夜花园，此中商机也被更多园主发现。据报章记载，至1908年，上海夜花园已经四处开花，园内活动更加丰富多彩，不仅提供饮食服务，而且有多种娱乐设施和节目。经常性节目有在当时还十分新奇的“影戏”放映，魔术幻戏表演，还有本地人非常熟悉的“滩簧”（沪剧）、“髦儿戏”（女子京剧）等演出，并时有民俗展览，如“赛灯会”。在张园、愚园等著名私园，还设有弹子房、舞厅等设施，游客入园，可各取所需，尽情游玩。

▲ 20 世纪 30 年代游客在豫园观赏花园

▲ 20 世纪 30 年代夜上海的繁华中心区，夜生活丰富多彩

然而，夜花园的兴起也带来很多负面效应，因此一直受到非议。如允许青楼女子出没其中，夜花园成了妓女们卖笑接客的营业场所，这就不能不与社会的公序良俗形成抵触。随着女子教育的发展和女学生活动能力的不断增强，看似封闭然而又别有洞天的花园，对女学生已有莫大的吸引力，那些仅在夜间开放的夜花园，更是散发着神秘的气息，女学生们很难视而不见。当时的舆论环境，夜花园与女学生，青年男女恋爱与青楼妓女的卖春，也成为许多无聊文人借以牟利的材料，成为通俗文本生产机制中重要的素材。在彼时的商业出版大潮中，一种以媚俗为手段、以牟利为目的的文学体式，将晚清以来小说“回雅向俗”与商业化的趋势发挥到了极致。

在一个男女公开社交不被认可而又物欲横流的时代，夜花园虽为人诟病，但也有无穷的诱惑，在商业文化的合围下，流行文本中的女学生处于被凝视的位置，她们与读者的距离空前接近，被打造成大众消费欲望的符号，这就会造成文化上的许多悖论。

▲ 清末上海城隍庙庙市前虫市小贩聚集

秋来虫市最繁华

——秋日玩虫

蟋蟀，又名“蛩”、“促织”，吴方言中对蟋蟀的称呼有几种不同的叫法。吴方言口语中，蟋蟀一般被称为“弹唧”，也许是根据蟋蟀的某一个特点或叫声来命名的，上海方言中叫“赚绩”（一作“财即”）。蟋蟀比别的昆虫更具知名度，这不只因它是一些人的玩物，更以其好斗而闻名。清末民初《上海洋场竹枝词》描写赏玩鸣虫风俗的竹枝词曰：“秋来虫市最繁华，蟋蟀金钟到处夸。公子哥儿争竞买，装成蟋蟀斗盆斜。”每年8月以后，上海天气逐渐进入凉爽的秋季，就是斗蟋蟀的季节，这种以草激怒自家大将、去攻击对手蟋蟀的活动，让许多上海人乐此不疲，并且蔚为传统。

城隍庙、跑马厅一带，卖蟋蟀的固定摊位很多，此外就是流动性极强的“虫担”。卖虫担挑也玩“斗赚绩”这一套宣传手段。观众可以随意下注，其实是一种赌博，只不过卖虫人绝无输钱可能——反正格斗双方都是他的麾下，还可按一定比例抽赢家的赌头。在格斗中占上风的蟋蟀，往往马上被人以较高的价钱买去。倘是连胜几场，还会形成在虫担前竞价拍卖的场面，煞是有趣。在市中心跑马厅附近的蟋蟀市场，说是市场，其实也只是树荫里一伙一伙卖蟋蟀的摊贩，他们一般都把摊头摆到马路对面的篱笆边。

卖蟋蟀的小贩，一般都备有一个开口的木箱，把他出售的蟋蟀装在一个个竹节管里，竹节管两头塞着草或棉花，有的将竹节管放置在随身拎着的破旧麻袋里。买家上前围住他要看货色时，他便手拿蟋蟀网，伸手到箱子里，或是麻袋里去摸出一节小竹筒，然后挖出塞在一头的烂草，把竹筒的口子捏在手里轻轻向网中一摇，一个小虫便到了他的网中。这时他再用另一只手打开一个蟋蟀盆的盖子，把网中的小虫朝盆里轻轻一放，很快，就能知晓这只蟋蟀的姿态，再决定是买还是不买。

▲ 清末《点石斋画报》上的《爱斗蟋蟀图》，记录了秋兴至斗蟋蟀的情景

▲ 清末人们在赌场通过斗蟋蟀赌博

从竹管筒里倒出来的一般是统货，运气好时也会碰到个把被捉虫人忽略的漏网奇才。两军对垒时，必须在一个空盆内垫一张草纸，然后把双方的“将军”请进场。这草纸铺地的圆盆，便成了蟋蟀们驰骋厮杀的沙场。斗蟋蟀，为什么会引得那么多人着迷？因为两虫相斗时的场面实在既壮观，又惊心动魄。开斗后，强者扬着两根又长又软的触须直奔过去，张开双钳紧咬住对方，猛冲猛打，转眼之间就把对方逼入死角。弱者抵死反击，敌进我退，声东击西，忽而虚晃一枪，忽而拖刀而逃，然后暗施回马枪，给追击者致命一击。鏖战激烈时，只听见铺在盆内的草纸沙沙作响，不啻两军在战场上来回厮杀时的马蹄嘚嘚声。拼斗到后

来杀红了眼，不顾一切地进入疯狂状态，终于豁出了性命。所以往往斗到后来，有的被撕破翅翼，有的被咬断了腿，有的则被咬坏了半边门牙……由此可见战斗的惨烈程度。

斗到最后，终于丧失斗志的一方，不是没命地鼠窜奔逃，就是被逼急了，干脆一跃而起，跳出盆外，落荒而去。于是得胜者便站在盆中间，摆动着长须，得意地一声声鼓翼长鸣，宣告自己的胜利。那副得意劲儿，跟拳击场上的胜者高举一臂接受观众欢呼的模样没有什么两样。从战场上能保住一条小命逃回来的失败者大都“晚景凄凉”。它们往往从此一蹶不振，失去了自信，灰溜溜地像得了抑郁症似的打不起精神来。小孩子便把这种斗败了的蟋蟀称作“败鬼（鬼，沪语读居）赚绩”。

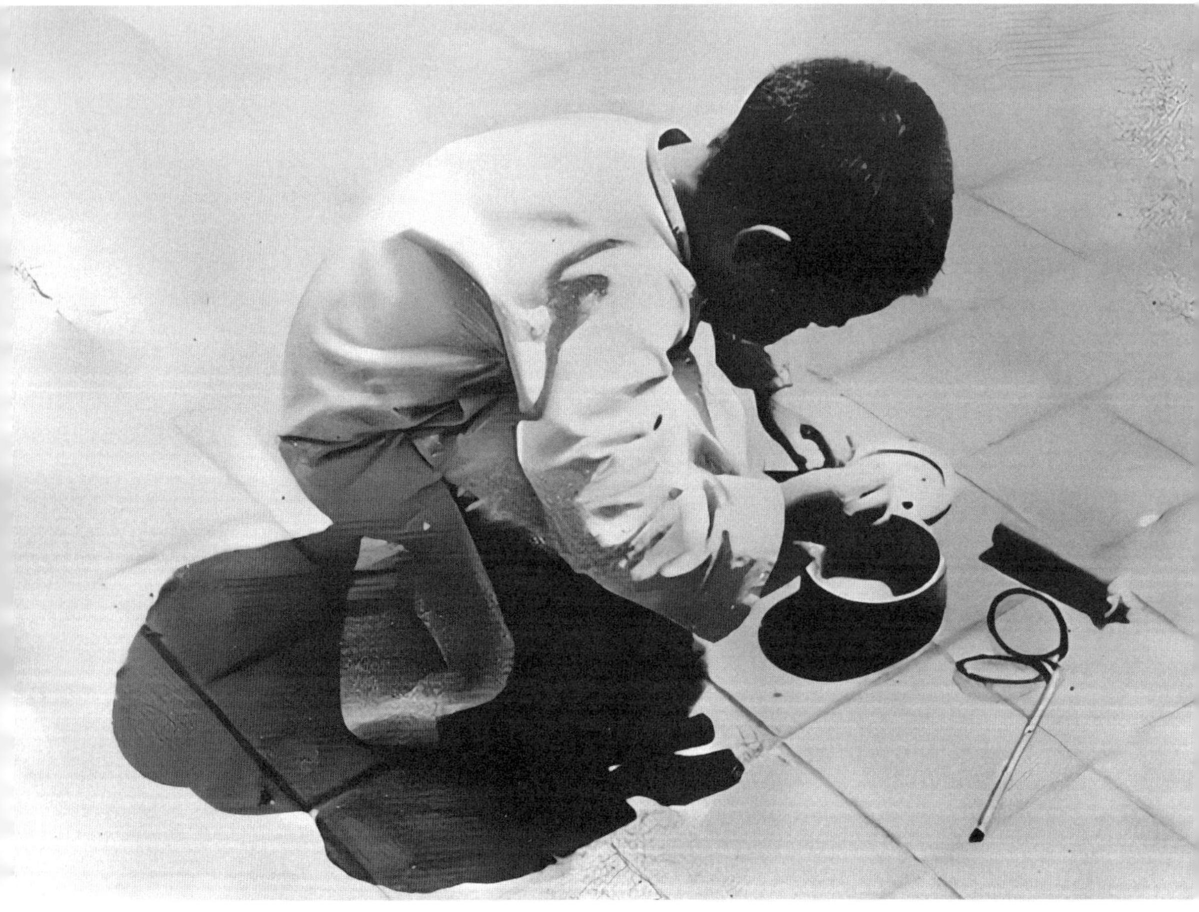

▲ 20 世纪 30 年代小朋友玩蟋蟀的情形

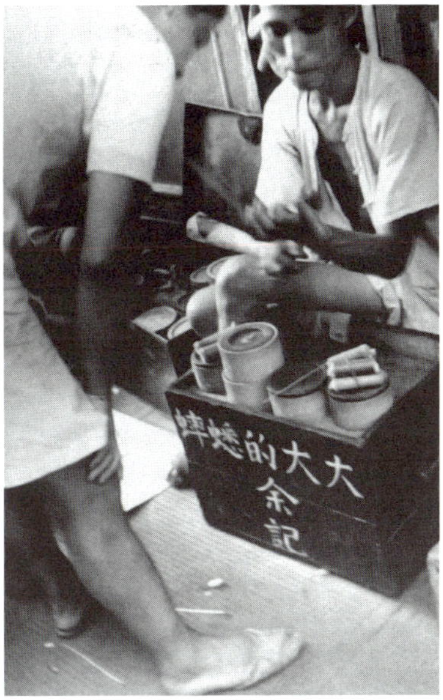

▲ 20 世纪 30 年代上海街头贩卖蟋蟀的小贩

与这种好斗的雄性蟋蟀相比，雌性的蟋蟀往往不太引人注意。雌蟋蟀的屁股上比两根“枪”的雄虫多了一根“枪”，拖在中间的那根最长的“枪”就是它的输卵管。上海人把这种雌虫称为“三妹子”。三妹子不声不响甘愿服雌，从不参加斗殴。它们头小身大，翅翼黄黄的，看上去远没有雄虫那么油光乌亮。假如从小贩那儿买来的竹筒中倒出一只三妹子，便觉得很晦气，把它随便朝那个土盆子里一丢了事。其实，真正会养蟋蟀的高手对这些三妹子是绝不等闲视之的。

从另外一个角度来说，蟋蟀的角斗也是饲养者多方面知识的竞争与较量，可谓决胜咫尺间，也许正因为这些原因吧，才引起了人们的广泛兴趣，使得蟋蟀迷队伍日渐扩大。

真假难辨心惶惶

——鬼市捡漏

“古玩”与“文玩”并非同一个概念，前者又称“文物”“骨董”等，后者则指文人案头赏玩的物件。古玩的历史悠久，文玩则相对较短，古玩用于收藏和研究，文玩则主要是把玩和欣赏。不过，“古玩”与“文玩”之间并非界限分明，有些物品可能既具有古玩的属性，又具有文玩的特点，例如一些年代久远的文房用具，既是古玩，也是文玩。

江南的古玩市场，与北方文玩市场一样，有一个很特别的习俗——“鬼市”，“半夜开市，黎明即散”，摊主出没时间不确定，出摊位置也呈现随机性，总是给人一种独特的神秘感。它是古玩市场一种历史悠久的开市形式，具有独特的历史和文化背景。既然这种市场见不得“光”，在古代应该属于夜经济的范畴，如果追溯这种夜经济的源头，可以上溯到汉唐，扯得就有点远了。

▲ 清末民初，绅士模样的人在古玩摊前细端详，挑选古玩

据历史记载，鬼市最早出现在唐朝。唐朝实行“坊市”和“宵禁”制度，用来限制城市居民的自由流动，但随着经济发展和商业兴起，人们的需求不再仅仅满足于白天的集市，夜间的交易也活跃起来，开后来鬼市练摊的滥觞。宋代夜市的发展逐渐合法，售卖的物品丰富多样，包括吃穿用品、金银珠宝、字画药材等。元明清时期，虽然封建王权达到巅峰，商人交易活跃，这个时期，鬼市的规模和形式也有所变化，但它始终是城市中一个特殊的市场。到清末和民国时期，鬼市不仅是交易场所，也承载着历史和文化的传统，保留了历史上夜市交易的一些传统特色和文化元素。

▲ 清末古董行业的商人正在仔细观察淘来的古物

“鬼市”首先是一种练摊，也可以称为“地摊”，老百姓半夜三更摆摊卖东西，无非这几端，有身份地位的大户家庭遇到不测事件或者逐渐衰败下来，需要将家藏宝物换钱；抑或是有些宝物的来源说不清、道不明，是偷来的还是盗来的，买主与卖主之间交易，都不愿意透露真实身份。例如，京城里的八旗子弟或无业游民，为了不让人看到自己落魄的一面，选择在天未亮时进行交易。同时，也存在这样的可能，盗墓贼或小偷也不希望失主知道东西被卖到了哪里，买家往往是为了图便宜，捡个漏，也不想让人知道自己买了鬼市的东西，因为那会显得“掉价”。这些因素共同决定了鬼市不能在光天化日下进行，从而带上了一层神秘色彩，就无形中形成了一条不成文的交易法则——“只看货，不露脸”，抑或你拿着灯笼看货，不许打着灯光看对方的尊容。交易之后，一拍两清，谁也不认识谁。夜晚，只见一个个灯笼，如同鬼影晃动一样，称为“鬼市”倒也名副其实。

这样的交易，等于现在的开盲盒，风险是显而易见的，赝品和假货屡见不鲜，那也是周瑜打黄盖——一个愿打一个愿挨。但也存在这

▲ 老上海拂晓前营业的古玩摊，人们俗称：鬼市

▲ 20 世纪 20 年代，这个摆古董地摊的居然是个小孩，能赚到钱吗

▲ 20 世纪 30 年代上海街头集市卖古董文玩的摊贩

样的可能，就是在古玩市场上以较低的价格买到价值较高的古玩，称之为“捡漏”。在古玩界，“捡漏”是一种可遇而不可求的机会，需要买家具备丰富的知识、经验和敏锐的眼光，在进行古玩交易时，更需判断物品的真伪和价值。

在“鬼市”上，交易的商品鱼目混珠，既有来路不明的，也有珍奇物品，或者赝品。商贩们手拿马灯，在地摊前照来照去，搜寻着各自需要的旧物件。这些物件也可能只是原材料或半成品，买回去后还需要加工制成商品再出售。鬼市是一个旧货销售市场，也是一个货源集散地，也属于合法与非法的边缘灰色地带，虽然受到“捡漏者”的欢迎，但也会时常受到冲摊，摊主们与寻宝者半夜里的交易，也是为了打一个时间差。金银首饰、古玩玉器、文玩字画，要想捡漏，非得是凭借多年的经验，有一双辨别真伪的“火眼金睛”不可。“鬼市”是清末民初时期社会变迁和民间生活的真实写照，它反映了那个时代人们的生活状态和商业活动的特点。

民国文人有描述“鬼市”的竹枝词，如《鬼市》云：“鬼市人多趁夜忙，古董珍玩暗处藏。灯光摇曳影迷离，真假难辨心惶惶。”人们在夜晚忙碌地交易着古董珍玩，但在昏暗的灯光下，真假难辨，让人感到心慌。鬼市中淘宝的人群如潮水般涌动，真假混杂，需要凭借好运气，好眼力才能淘到宝贝，而一夜暴富只是遥不可及的梦想。

▲ 清末民初江南各地随处可见的街头鸟店

▲ 20 世纪 30 年代两个男子光顾鸟市

花开红树乱莺啼

——养鸟赏花

据《礼记》《孟子》等史籍记载，自古以来中国人就有爱鸟养鸟的传统。约在几千年以前，人们为了物质生活的需要，首先把狩猎获得的一些体形不大，性格比较温顺且容易喂养存活的野鸟圈起来饲喂，经过漫长岁月的繁殖和驯化，终于使一部分野鸟，逐渐变成了人类饲养的家禽，如鸡、鸭、鹅等。后来随着人们物质生活水平的不断提高，有些人对自然界中那些羽色华丽、鸣声悦耳或姿态优美的鸟儿产生了浓厚的兴趣，于是便开始了以观赏和玩耍为目的的养鸟活动，一直延续至今。

晚清时，一个叫阿尔希·贝尔的美国人，长期旅居上海，写过一本《中国魅力》的书。他在书中惊叹上海人养鸟的热情："没来上海之前，人们也许不会注意到这样一个景观，但它确乎悦人耳目，那就是一群提着鸟笼走在大街上的男子形象不再从旅沪外人视野中消失。当遇见第一位这样的男子时，你也许会视而不见，总觉得他买只鸟儿回家，权充为一份惹人的礼物送给他妻子罢了。接着遇到第二、第三乃至第五个提着鸟笼的人也不会引人注目，但是一旦见过第二十位或第三十位这样的男子后，那么（外国）旅行者就会觉得这件事情太奇怪了。” 阿尔希·贝尔还写道：“这是群多愁善感的中国人；他们太钟情于花鸟了！他们一掷千金于一棵矮小的松树，因为这种树形会激发他们的艺术灵感。富人们通常将杜鹃花视为其值得珍藏的财富，尤其是当他们将线或木棒制成的框架恰到好处地盖住枝叶的某个部位，

▲ 1940 年 6 月，一位身穿旗袍的女性在公园欣赏牡丹花

▲ 20 世纪 40 年代上海西藏路热闹的花鸟市场，有很多花鸟鱼虫店铺，顾客络绎不绝

使其呈稀奇古怪状，并颇具人物、禽兽外形。外国人想当然地认为可爱的中国太太们也会爱上这些花鸟的。”

养鸟怡情，人们对小巧美丽的鸟儿情有独钟，将鸟儿圈养起来观赏。无论鸽子、鹰隼、雉、鹦鹉还是金丝雀，似乎都一样流行。在江南各地的市镇，鸟类市场通常是令人感兴趣的场所之一，因为来这里的人们不仅是为了观赏众多禽类，其中一些用绳子拴着，用网罩或竹篮罩着，鳞次栉比地挂满狭窄的街道，而且还可就近接触来自中国社会各阶层的各色人等，驻足观望他们如何为其中意的鸟儿讨价还价。在此，人们可以听到一种奇怪的混合声，经商人们的大吹大擂，极力颂扬这些小动物的妙处，并愿以极低价卖给美国人后，外国人似乎已经很懂这些鸟语了。

宋徐元杰《湖上》诗云：“花开红树乱莺啼，草长平湖白鹭飞。”这两句诗既写了鸟，又写了花，充满了生动的自然意象和丰富的情感色彩。你看，春天里，红花盛开，树木被装点得绚丽多彩，黄莺在枝头欢快地啼鸣。“乱莺啼”中的“乱”字，表现了鸟鸣声音的多样性和丰富性，给人以一种生机勃勃的感觉，传达了一种愉悦和欢快的心情。养鸟遛鸟之外，赏花也是一种高雅的情趣，人们在工作学习之余，观赏花卉的美色，品嗅花卉的香气，既为赏花增添情趣，又有益于身心健康。

上海人秋天赏菊，是有悠久历史传统的。北宋末年，中原士族纷纷南迁，带来了不少名贵品种，同时也带来了秋高赏菊的风气。这以后，上海地区的许多私家园林，都以植菊为花木培养的一项重要内容。哪一家有了少见的佳卉，那一家就成了秋天时邑人游玩的热点，这是主人特别得意的事。大约从清代起，上海人的群体性赏菊活动逐渐形成，其中影响最大的要数一年一度的菊花会，换成现代用语，就是“菊展”。菊花会的地点通常在城隍庙，有时摆在绿荫堂，有时摆在萃秀堂，参加展出的菊花都先经过专家品评，分“新巧”“高贵”和“珍异”三类。据史料记载，清末时称新巧的菊花，有碧桃、紫牡丹、洋蝴蝶、雪青带、金丝桃等；称高贵的，有御艳黄、黄金带、玉带、蟹爪、雪狮、松珍等；称珍异的，则有黑牡丹、紫燕、飞霜、葡萄紫、杨梅红、紫台、捧桂、金银台等。名目之繁，不可胜记。花会上，万卉齐放，高低疏密，倨态极妍，微风吹拂，阵阵清香沁人心脾。于是满城士女，络肩往游，骈户累踵，可谓盛极一时。

▲ 20 世纪 40 年代在家门口赏花的穿旗袍女孩

第四章

异域消遣新风尚的“西洋镜”

随着西方文化的传入，许多西方的娱乐活动也进入了中国，特别是在江南地区的一些大城市，如上海、南京、苏州、杭州等地。如观看西洋镜中的图像或照片，俗称“看西洋镜”，这种活动为当时的中国人提供了一种新奇的视觉体验。再如赛艇运动的引入，不仅是一种体育竞技活动，也养成了团队协作的体育精神；社交舞蹈的快速流行，探戈、华尔兹等，这些跳舞活动成为社交场合的重要组成部分；亦真亦幻的魔术表演为观众带来了神秘和惊奇的体验，同时也是一种艺术表现形式。作为一种户外运动，高尔夫球不仅提供了休闲放松的方式，也体现了一种优雅的社交生活方式；乘坐过山车，这种惊险刺激的游乐设施也为人们提供了前所未有的娱乐体验；爵士乐的流行带来了新的音乐风格和表演形式；健美运动的推广强调了“露肌”与身体健康和形体美，鼓励人们追求健康的生活方式……

这些西方娱乐活动的引入，大大丰富了中国人的文化生活，异域的波流搅动着中国人社交娱乐生活的波澜，使人们接触到了不同的生活方式和娱乐形式，促进了文化的多元化发展；交谊舞、高尔夫球等活动成为新的社交方式，为不同社会阶层的人们提供了交流和互动的平台，加强了社会联系。西方艺术形式如爵士乐、魔术表演等，带来了新的审美体验，影响了中国人对艺术和美的认知。赛艇、健美运动等体育活动的普及与流行，提高了人们对体育锻炼的重视，增强了全民健身的意识，新兴的娱乐活动往往伴随着新的消费模式，如游乐场、电影院、舞厅等成为城市文化消费的新热点，在一些社交舞蹈和公共活动中，女性有了更多参与社会生活的机会，这在一定程度上促进了女性地位的提升。这些娱乐方式也丰富了城市生活的内涵，使城市不仅是经济和政治的中心，也成为文化和娱乐的聚集地。

为了满足人们对西方娱乐活动的需求，相关的教育和培训机构应运而生，如舞蹈学校、体育俱乐部等。西方娱乐活动刺激了本土媒体和艺术的创新，如电影、音乐、戏剧等艺术形式开始吸收西方元素，进行本土化创新。总之，西方娱乐活动的传入对中国社会产生了广泛而深刻的影响，不仅改变了人们的休闲方式，也促进了社会文化的交流与发展。

▲ 清末周慕桥绘《太平欢乐图》之十《西洋景》

洞里乾坤藉显微

——看西洋镜

西洋镜，又称“窥视镜”或“万花筒”，是一种通过光学原理展示图像的装置。在17世纪，随着欧洲与中国的交流增加，近代欧洲早期的一种光学娱乐器材——西洋镜，作为西方的新奇物品在18世纪末传入中国。它通过光学原理和暗箱操作，让观众能够看到放大的图像。成了城市生活中的常见事物，为人们提供了新奇的娱乐体验。最初，这些光学设备被视为异国的奇珍，只有精英阶层才能够接触到。到了19世纪中期，西洋镜在中国经历了本土化的过程，成为了普通民众可以接触和享受的娱乐形式。

最早描写西洋镜的是清代文官徐乾学在1697年发表的《西洋镜箱六首》，其中有言：“移将仙镜入玻璃，万迭云山一笥携。共说灵

▲ 清末西洋镜小贩在路边设摊，招徕人们观看

▲ 晚清专事街头娱乐的西洋镜摊

踪探未得，武陵烟霭正迷离。”“外国戏法最惊人，碎帕还原宛似真。更斩人头能复旧，离奇幻变妙神通”“西洋镜片古来稀，洞里乾坤藉显微”。徐乾学诗集的最后一首提到的内容在现存的光学器玩中亦有记载：“乾坤万古一壶冰，水影天光总画图；今夜休疑双镜里，从来春色在虚无。”

随着时间的推移，西洋镜的制作和使用逐渐融入了中国的文化和艺术之中。中国的工匠开始制作具有中国特色的西洋镜，将中国的图案、故事和风景融入其中，使其成为了具有中国特色的艺术品。作为一种娱乐形式，逐渐普及到了社会的各个阶层，尤其是儿童和底层民众。在街头巷尾，人们可以通过观看西洋镜来获得娱乐和新奇的体验。

西洋镜的构造并不复杂，通常由一个装有画片的匣子和一个放大镜组成。画片上绘制了各种图像，通过放大镜的放大作用，观众可以看到更加清晰和生动的画面。大概从1790年左右开始，街市上的放映者会支起带有不同高度镜片的匣子，吸引过往行人观看。为了吸引观众，放映者会在匣子上放置玩偶和小雕像，这些装饰物不仅增加了西洋镜的吸引力，也供排队等待的观众欣赏。收取一定费用后，放映者便拉住匣子内部伸出的绳子，为观看的人展示系列图片，并配以自己的解说。再后来，北方人开始把西洋镜叫作“拉洋片”“拉大片”，上海人则称为“看西洋镜”，不同的叫法，其实都凸显了放映者的景象展示作用。这种街头放映的形式，使得西洋镜成为了一种面向大众的娱乐方式。

吸引观众的手法，西洋镜匣子上通常会挂有旗子，上面写着“西洋景致”或者“西湖春色”，一看就知道是西洋还是本土，宣传语说明了镜像展示的内容，同时也成为中国人对这种娱乐形式的常见称呼。西洋镜有很多不同的叫法。无论是“西洋镜”还是“西洋景”，这些名字都更注重表达看到的内容，而不是观看的行为本身。西洋镜的流行不仅反映了当时中国社会对西方文化的好奇和接受，西洋镜成为中西方文化交融的一个象征，也成为中国城市文化发展的一个重要标志。

西洋镜的传入和流行，丰富了中国民众的娱乐生活，也促进了中西方文化的交流与融合。通过这种娱乐形式，中国人得以窥见西方世

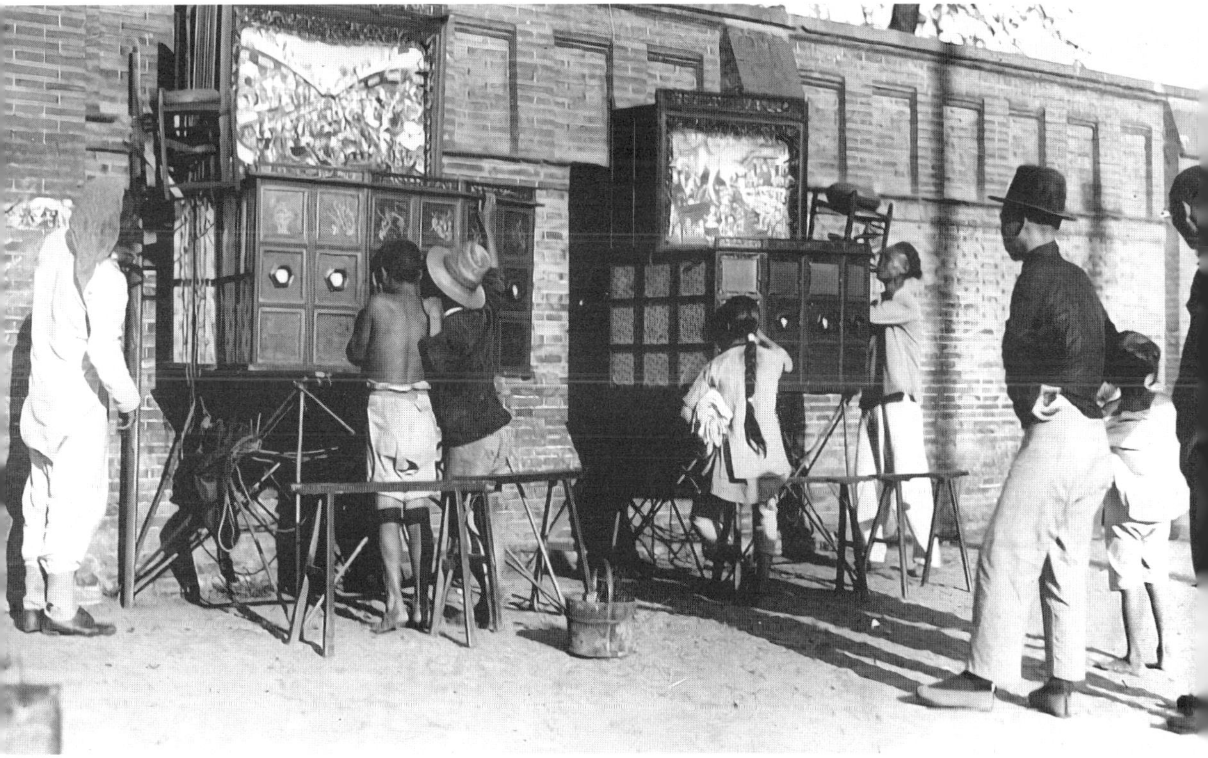

▲ 20 世纪 30 年代街头看西洋镜的成人与孩子

界，同时也在其中发现了本土文化的镜像。西洋镜的流行和转化，展示了中西方在科技和艺术方面的差异，反映了两种文化在审美和娱乐方式上的异同。在晚清中国，西洋镜的娱乐风气，可能在不同的社会阶层中呈现出不同的面貌，精英阶层可能更注重其艺术和科学价值，而普通民众则可能更看重其娱乐和新奇的体验。到了清末，西洋镜已经成为一种流行的大众娱乐方式，不仅在城市中广泛流行，也在农村地区逐渐传播开来，它的流行，也反映了晚清时期社会风气的变化和民众文化生活的需求。

▲ 1946 年春节，从西洋镜演变而来的小电影，人们已经不满足看静止的画面更钟情于动感十足的小电影

总的来说，西洋镜在中国的传播和流行，不仅是中西方文化交流的一个缩影，也是中国社会变迁和文化发展的一个见证。通过这一小小的光学设备，我们可以窥见一个时代的历史面貌和社会风情。

如飞打桨赛行船

——初识赛艇

我国传统的端午节，龙舟竞渡可谓广为流传，源远流长。1843年后，各种体育活动被西方人引入上海，赛艇运动也是外侨较早引进的体育运动之一。据说，早在1852年，就有一些侨民向泊在黄浦江上的外国轮船借了几条救生艇，在黄浦江上拉开架势进行了赛艇比赛。在中国人看来，老外的这种所谓“赛艇运动”，无异就是中国人眼里的“划船”或“跑船”。颐安主人《沪江商业市景词》评论“跑船”的竹枝词写道：“如飞打桨赛行船，亦是西人戏赌钱。三五成群真快驶，兴酣力大定争先。”

不过，龙舟竞渡与赛艇运动，虽然都是水上划船活动，但它们的起源、文化背景和目的存在明显差异。起源于中国的赛龙舟，或者说龙舟竞渡，是一种具有深厚文化底蕴的传统体育活动。它与端午节的祭祀活动紧密相关，通常在农历五月初五举行。龙舟竞渡不仅是一场体育竞技，更是一种文化传承和社区团结的象征。龙舟比赛强调的是团队协作和集体精神，以及对传统文化的尊重和维护。而西人的赛艇运动（Rowing），起源于英国，是一种竞技体育项目，强调的是个人或团队的体能、技巧和耐力，它在奥运会等国际体育赛事中占有重要地位。赛艇运动的竞技性更强，对运动员的身体素质和技术水平有较高要求。简言之，赛龙舟主要是一种节日风俗活动，而西方赛艇运动则是一项竞技运动。两者可谓殊途同源，赛龙舟更强调团队协作和爆发力，而赛艇运动则更注重个人技术和有氧耐力，两者都需要运动员具备良好的体能和技巧，但侧重点和训练方法有所不同。

▲ 20 世纪早期苏州河划船总会老明信片

1843年上海开埠后，外侨将各种体育活动引入上海，其中包括赛艇运动。据记载，1852年外侨在黄浦江上进行的赛艇比赛，是中国最早的赛艇运动。1860年，划船总会（The Rowing Club）在上海成立，最初没有固定的船室和会所。1875年，划船总会在苏州河畔乌镇路处建造了第一座船室。1900年，划船总会的船室所在地块被卖给公共租界工部局，总会用这笔资金在苏州河南岸（今南苏州路圆明园路）处买地建造新的船室。1905年，新的船室正式落成。

▲ 1900 年 在上海黄浦江上划船的英国侨民

▲ 20 世纪早期，公济医院眺望苏州河南岸，可见上海划船总会

▲ 1922 年划船总会组织比赛，图为外侨中的女子四人组赛队

划船总会的建筑包括会所主体、游泳池和船室三部分，内部设施齐全，为会员提供了休闲社交的场所。由此，上海成为我国最早开展水上竞技运动的城市，这不仅体现了上海作为国际大都市的开放性和多元性，也展示了中西方文化在体育领域的交流和融合。

西人的赛艇运动最初在上海黄浦江浦东一边举行，每年春秋两季各赛一次。但后来还是转移到苏州河，这主要是因为黄浦江风急浪大，不适合举行需要平静水面的赛艇比赛。相比之下，苏州河作为吴淞江的下游河段，流速放缓，水面相对平静，更适合赛艇运动的开展。晚清文人张春华撰写的《沪城岁事衢歌》里，有关于端午赛龙舟的记述："烟树晴熏夏五天，自宜水国泛龙船。如何歇浦涛千

▲ 20 世纪 30 年代在苏州河上训练的西侨赛艇手

顷，箫鼓声稀听渺然。”作者注解：“吾邑故水乡也，而独不宜于龙船，以黄浦有风波之险也。”这段文字讲的是赛龙舟，倒也可用来解释选择在苏州河进行赛艇公开赛的原因。黄浦江的风浪之险，使得赛龙舟等水上活动不宜在此举行。随着上海城市经济的快速发展，黄浦江和苏州河的航运日益繁忙，苏州河相对黄浦江来说，航运压力较小，更适合进行赛艇比赛。从1872年秋赛开始，赛艇比赛从黄浦江转移到苏州河中举行。这一传统逐渐形成，使得苏州河成为了赛艇比赛的标志性地点。

然而，随着时间的推移，苏州河的航运和工业活动也在不断增加，对赛艇比赛的干扰也逐渐增大。因此，赛艇比赛地点再次发生了改变，如1897年移回黄浦江，1906年移到昆山青阳港内举行。尽管有这种变化，但苏州河一直被视为上海开埠以后赛艇比赛的主要场所，而且苏州河不仅是赛艇比赛的场所，也成为了展示上海历史底蕴、人文传奇的重要窗口。通过赛艇比赛，人们不仅能够欣赏到精彩的体育竞技，还能体验到苏州河两岸的历史与现代城市风光的完美融合。这种全方位的感受，无疑增加了赛艇运动的吸引力和观赏价值。

搏浪迎波处世同

——游泳健身

游泳是一种靠自身肢体动作的配合，利用水的自然特性，使身体在水中移动的技能活动。人类的游泳是一种有意识的技能活动，它不是人类天生的本能，而是后天形成的技能。游泳作为一种基本的生存技能和体育活动，其起源可以追溯到人类早期的生活实践，为了生存，早期人类需要在水中捕捉鱼类和其他水生生物，这促使他们学会了游泳。《诗经·邶风·谷风》中就有“就其深矣，方之舟之；就其浅矣，泳之游之”的记载，“游泳”一词的词源即在于此。敦煌壁画中也有描绘古人游泳的场景。中国古籍有大量关于游泳的记载，表明在古代社会，人们就已经掌握了游泳

▲ 清光绪十八年（1892），西侨成立的游泳总会在跑马厅建造了上海第一个游泳池

▲ 1919 年参加冬泳的上海市民

▲ 始建于 1922 年的上海虹口游泳池，初名“工部局游泳池”，后改称今名

技能。古人认识到游泳是出于劳动和生活的需要。如《庄子》中提到了渔父在水中的勇气，而宋人苏东坡《日喻》一文认为：南方人之所以会游泳，是因为“日与水居”，“七岁而能涉，十岁而能浮，十五而能没”，最终掌握了游泳的规律，“得于水之道”因与水相邻而学会游泳的过程。

汉魏时期已经出现了端午节举行游泳比赛的习俗。唐宋时期，钱塘江的游泳比赛规模很大，吸引了众多参与者。唐代的曹赞和南宋的文天祥都是著名的游泳高手，他们的故事在古代文献中都有所记载。宋人周密《武林旧事》中《观潮》写道：“吴儿善泅者数百，皆披发纹身，手持十幅大彩旗，争先鼓勇，溯迎而上，出没于鲸波万仞中，腾身百变，而旗尾略不沾湿，以此夸能。”这说明，当地群众也都有较高的游泳与踩水本领了。

西方人的游泳曾经发展艰难，古罗马帝国曾禁止人们游泳，并残忍地将游泳者抓起来活活烧死，后来也有个别国家出于宗教信仰的原因而禁止妇女游泳。游泳作为一项体育运动，17世纪60年代才开始在英国流行，18世纪初传到法国，随后风靡欧洲。1828年，英国利物浦乔治码头修建了第一个室内游泳池。1837年，英国伦敦成立了第一个游泳组织，并举办了最早的游泳比赛。1869年，大城市游泳俱乐部联合会在伦敦成立，游泳开始成为一项专门的运动项目。竞技游泳自1896年第一届奥运会起就被列为正式比赛项目，随着时间的推移，游泳技术不断进步，成绩也在不断刷新。

游泳作为一种体育运动，其起源和发展在东西方有着不同的历史轨迹，但最终成了全球广泛流行的体育活动，人们通过游泳结识新朋友，增进社区成员之间的联系。由于文化传统的不同，古代中国的游泳，往往与节日庆典、民间传说和宗教仪式相结合，如端午节的赛龙舟；而近代西方的游泳运动，更多强调竞技性和个人体能的展示，如奥运会中的游泳比赛项目。古代中国的游泳技能培养与训练可能更注重实用性和生存技能，如潜水、捕鱼等；而近代西方的游泳运动展现出了一套完整的技术和训练体系，包括不同的泳姿、呼吸技巧和训练方法。古代中国的游泳设施相对简单，游泳的普及程度受到地理环境和气候条件的限制；而近代西方的游泳运动则得益于现代游泳设施的建设和普及，如室内游泳池的建设，使得游泳成为了一项全年无休的体育活动。古代中国的游泳，人们可能更多地将游泳视为一种增强体

▲ 始建于 1930 年的两江女子体育学校游泳池，位于邯郸路 47 弄 8 号，虽是女校教学用池，但每年举行比赛。图为 1934 年男子选手来此泳池训练和比赛情景

▲ 1948 年 5 月 5 日至 16 日，在上海江湾体育场举办的第七届全运会，图为游泳跳水比赛

质和治疗某些疾病的方式，而近代西方的游泳运动在健康和治疗方面的研究更为系统，如利用游泳治疗各种慢性疾病。总而言之，古代中国的游泳和近代西方的游泳运动虽然在起源、文化背景和目的上有所不同，但都体现了人类对水的亲近和利用，以及通过游泳来促进身体健康和精神愉悦的共同追求。

近现代的学人吴中伟作“游泳二首”诗，气魄宏大：“学蛙游泳洗污尘，俯仰浮沉自在身。大浪大风何所惧，岂甘温室树栽盆。”学会像青蛙一样自由游弋于水中，洗掉污泥与尘土，自由自在地在水里沉浮。大风与大浪有什么好害怕的，怎么能甘心当温室里的盆栽不去经历风雨。“夏雨新晴晚起风，夕阳红照一湖红。枕波仰看飞霞丽，搏浪迎波处世同。”夏天的雨停后晚上起了风，夕阳照在湖上显得很艳丽。在水中看着天上的红霞，与海浪相搏，生活在茫茫人海之中，不同样也是一场搏击吗？！

西人幻术海东来

——杂技魔术

中国的杂技艺术，在汉代开始兴盛，成为宫廷和民间重要的娱乐形式，包括了各种技巧表演，如走钢丝、顶竿、顶碗、杂耍等。以后历经朝代更迭，陆续出现了一些更为复杂的表演形式，宫廷中有专门的杂技表演，民间杂技也得到了普及，成为市民娱乐活动的重要组成部分，技艺更为精细，出现了不少新的表演项目。明代杂技在技艺上有所创新，出现了如杂技与武术结合的表演形式。晚清社会的动荡和经济的衰退，进一步压缩了杂技艺人的生存空间，一些杂技艺人面对国内的困境，开始将目光转向国外，寻求新的发展机会。

与此同时，晚近以来，随着东西方文化交流的加深，外国魔术和杂技在中国的传播确实以上海等沿海开放城市的街头展示为主要渠道。19世纪七八十年代，意大利的车利尼马戏团在上海演出，风靡一时，让观众如痴如醉，成为晚清时期上海舞台上的奇观。那么，西方的马戏与中国的传统杂技是个什么关系呢？

中国人眼里的马戏是杂技的一个门类，本意是指人骑在马上所做的表演，后逐渐纳入驯兽表演。古代中国人将其称为“角抵”，汉代桓宽《盐铁论》中有“五色绣衣，戏弄蒲人杂妇，百兽马戏斗虎”，也许是中国人对马戏的最早表述。除骑马技巧等与马有关的表演，还出现了其他驯兽表演。马戏很是盛行，经历了从民间到宫廷，又从宫廷扩散至民间的反复轮回。到了清末，由于长期小农经济的影响，马戏演变为以谋生为目的的民间卖艺活动，包括各种杂耍和驯导家畜，逐渐演变为杂耍或杂戏一类的江湖卖艺活动。

西方马戏走的路子与中国不同，它起源于古罗马斗兽表演，以残忍和血腥著称，到18世纪后才渐趋温和，他们更注重人体极限的开发、炫技，以及对于各种野兽、猛禽的训练，西方马戏团表演更追求“劲爆”“刺激”效应。清道光年间就有西洋马戏来中国演出，徐珂编《清稗类钞》将其列入“洋戏”条：“西伶之来华演戏也，道光朝已有之，当时呼为洋戏，钱塘陈芠裳编修元鼎尝于观后而为《洋戏行》焉。诗曰：‘铿鍧鞺鞳张乐庭，兜离僸诡观海经。’”字面很冷僻，感觉怪怪的，诗句也很费解，称其中的野兽表演为兽戏，与歌剧、幻戏、影戏等合称西戏。

▲ 清末民初，杂技艺人张连升与他的外国女助手一起表演杂技的老明信片

西方的马戏与中国的杂技不同，西方马戏节目内容包括高空杂技、地面杂技、驯兽、魔术、

▲ 清末传统戏法《三仙归洞》表演，道具只有简单的茶碗、小球、筷子（木棍、折扇皆可）三样

滑稽等五大类。与中国杂技艺术相比，国外马戏表演对驯兽节目和滑稽表演更为重视，小丑滑稽的幽默表演，往往是串联整个马戏表演的灵魂，给全场带来幽默和欢笑。上海作为远东最大的港口城市之一，吸引了大量的外国艺人，包括魔术师、杂技演员等，他们在上海的街头、剧院、茶馆等地方进行表演，逐渐成为中国人文化生活的一部分。

中国杂技和魔术，从秦汉时期进入皇宫演出，到唐宋时期走向民间，再到明清时期更加盛行，已有3 000多年的历史。魔术在古代叫

▲ 1934 年中国马戏杂耍团五女二男共计七名年轻演员合影

▲ 1934 年上海马戏团杂耍杂技艺人合影

▲ 20 世纪 30 年代马戏团在上海街头的演出

“幻术”，近代上海民间则称为“戏法”，它是中国最为传统的“百戏”娱乐形式之一，早在西周时期，中国的魔术师们已经粉墨登场。中国魔术与外国魔术之间的交流日益频繁。清代中叶以后，中国魔术师在保持自己魔术传统的基础上，吸收了大量外国魔术的表演形式、内容、技巧，逐渐形成了中国魔术舞台上的新特色。外国马戏和魔术以其新颖、刺激的特点，很快在上海等地流行起来。外国魔术师和杂技演员常常进行露天表演，吸引了众多路人驻足观看。

“外国曾来马戏班，风驰电掣驾云鬟”，上海晚清文人作《张园杂咏》竹枝词云：“西人幻术海东来，赛会张园亦壮哉。电转星球灯走马，声声爆竹响春雷。”描述了张园游艺中的西方魔术和各种新奇的表演，如电转星球和灯走马等，同时也提到了爆竹声，烘托出热闹的氛围。所谓“海派杂技”就是上海地区特有的杂技艺术形式，融合了传统杂技、江南传统文化以及欧美杂技马戏魔术的精华，具有鲜明的地域特色和风格。

球场绿草如茵铺

——打高尔夫

说起高尔夫球，“高尔夫”是荷兰文kolf的音译，意思是“在绿地和新鲜氧气中的美好生活”。也有人将英语Golf理解成：G—绿色（green）；O—氧气（oxygen）；L—阳光（light）；F—友谊（friendship），尽管有点望文生义的味道，不过意思还是对的，这项运动将享受大自然乐趣、体育锻炼和社交集于一身，很受民众欢迎，但这种运动又太过奢侈，要有钱、有闲、有腔调才能享受，对于大多数劳工阶层的人来说，有点望尘莫及，因而普及的程度总是有

▲ 1894 年上海高尔夫俱乐部设立在跑马厅

限。

有人说，高尔夫球起源于中国唐代的“捶丸”，捶者，击也；丸者，球也，并且还是击球入洞。这种“捶丸”也确实酷似高尔夫球；有人说，高尔夫球的起源是荷兰人在1 000多年以前的牧场里，牧童用手里的牧羊棍打击小石头；也有人说，是英国爱尔兰牧羊人“击石入窝”游戏的演变。其实，这三种说法都有点道理，也都扯得有点远。现代高尔夫球类运动，被视为一项较为昂贵的运动，需要特定的场地和设备。晚清之际，社会动荡，民众连肚子都吃不饱，自然也就没有打高尔夫球的雅兴。高尔夫球作为西方舶来的一项运动，尚未在中国形成广泛的文化认同，因而社会对其接受程度也不会高，当时参与高尔夫球运动的主要是外国侨民、中国上层社会的买办，普通民众鲜有参与接触的机会。

中国的高尔夫球运动发展稍晚，20世纪初才传入中国，直到第二次世界大战之前中国的土地上才有几座高尔夫球场。人们也许不曾料到，清道光三十年（1850）上海租界落成的第一座跑马场，同时也是一座9洞的高尔夫球场。上海出现高尔夫俱乐部，较多的说法是1894年，但“上海体育”的资料显示为1896年，18名外国侨民发起成立了上海高尔夫俱乐部，球场就设在跑马厅，因为跑马厅分内圈和

▲ 1902 年上海高尔夫俱乐部会员合影，几乎是清一色的西侨

▲ 1900 年前后上海一幢英国乡村建筑临近的高尔夫球场，三个青年人（一个还赤脚）肩上挎着高尔夫球袋，担任球童的角色

外圈，其中内圈就是一座高尔夫球场。

人们耳熟能详的虹口公园，是上海最早出现的公园之一。它的建设可以追溯到19世纪末，当时的租界武装万国商团为了训练枪法，在今武进路附近建立了一个打靶场，为此这条路旧时一直叫老靶子路，亦称靶子路。不久因城市扩展，原来的靶场规模不够应付训练需要，万国商团向公共租界的工部局提出移场的要求。1895年，用在北四川路底租界界外“永租”的几百亩农田，筑起了简易的靶垛，形成了最早的虹口靶子场。虹口公园最初是作为租界内的公共绿地而

▲ 1931 年英国人凯斯在上海高尔夫俱乐部打高尔夫球

▲ 1947 年时任上海市市长吴国桢教妻儿打球

建立的，后来经过多次扩建和改造，逐渐发展成为一个综合性的城市公园。1905年这座公园按英国格拉斯哥体育公园模式重建，取名为虹口娱乐场，园内就设有一座9洞的高尔夫球场。1914年，旧上海的第一座18洞高尔夫球场，由太古、怡和、汇丰等8家银行各出官银1 000两，收购了原先英国侨民开设的“老裕泰”马房改建而成，初名“虹桥杓球俱乐部球坊”，又名“虹桥高尔夫球坊俱乐部”（The HuangJao Golf Club），那纯粹是为来沪的外国人服务的，建成后几乎不曾接待过一位中国球友。《申报》1907年7月19日刊发竹枝词云：“球场绿草如茵铺，仕女击球姿态殊。胜负皆忘心醉矣，夕阳西下不归庐。”

正是因为旧中国的高尔夫球场多为外国人所建，也只服务于外国人。1911年，沪上富商叶澄衷之子叶贻铨在江湾乡溢价20%向农民收购土地，建成了大名鼎鼎的“万国体育场”——江湾跑马厅，其中就包括一座18洞高尔夫球场，于1926年开业，该球场最长洞527码，最短洞134码。由于江湾跑马厅的崛起参与竞争，从1911年开始，原本拒绝华人进场的上海跑马厅，也开始吸收中国人为名誉会员和聘请会员，这是题外话了。

虽然沪上高尔夫球场建得比较早，因为属于较为高端的运动，参与者主要是外国侨民和豪横的权贵以及一些社会上层人士，高尔夫球场不仅是运动场所，也成为了社交活动的场所。在这里，人们不仅可以进行体育锻炼，还可以进行社交互动。那时能够接触高尔夫球的最早的一批人，却不是球手和爱好者，而是为球场服务的球童。1937年全民族抗日战争爆发，上海沦为孤岛，高尔夫球坊由日军占用。直到第二次世界大战结束后，社会环境逐渐稳定，高尔夫球运动才终于在中国开始逐步恢复和发展。一些新的球场建立，让更多的中国人开始接触和参与这项运动。《上海指南》卷六记载：“高尔夫球，西人所尚。沪上有球场数处，每于春秋佳日，士女如云。”反映了那个年代高尔夫球运动在上海的流行程度。

方寸之间天地宽

——集邮流行

清末民国时期，上海作为中国开放的前沿城市，也成为集邮活动的重要发源地。集邮最初在英国盛行，随后作为一种文化活动传入中国。上海因其开放的贸易港口和多元文化背景，成为了中国集邮活动的早期中心。1878年，清政府发行了中国第一套邮票——大龙邮票，标志着中国近代邮政的开始，也是集邮活动的起点。1880年5月由美国北长老会教士范约翰创办《花图新报》，上海清心书馆出版，从1881年第二卷起改为《画图新报》。它发表了《各国驻销之印图》一文，是中国最早的集邮相关文字，对集邮文化的传播起到了推动作用。1922年，中国第一个集邮组织——神州邮票研究会在上海成立，这为集邮爱好者提供了一个交流和分享的平台。神州邮票研究会成立

▲ 1906年11月11日自上海寄出明信片的背面。贴清蟠龙4分邮票。销江苏上海戳及上海法国客邮局戳和到达戳

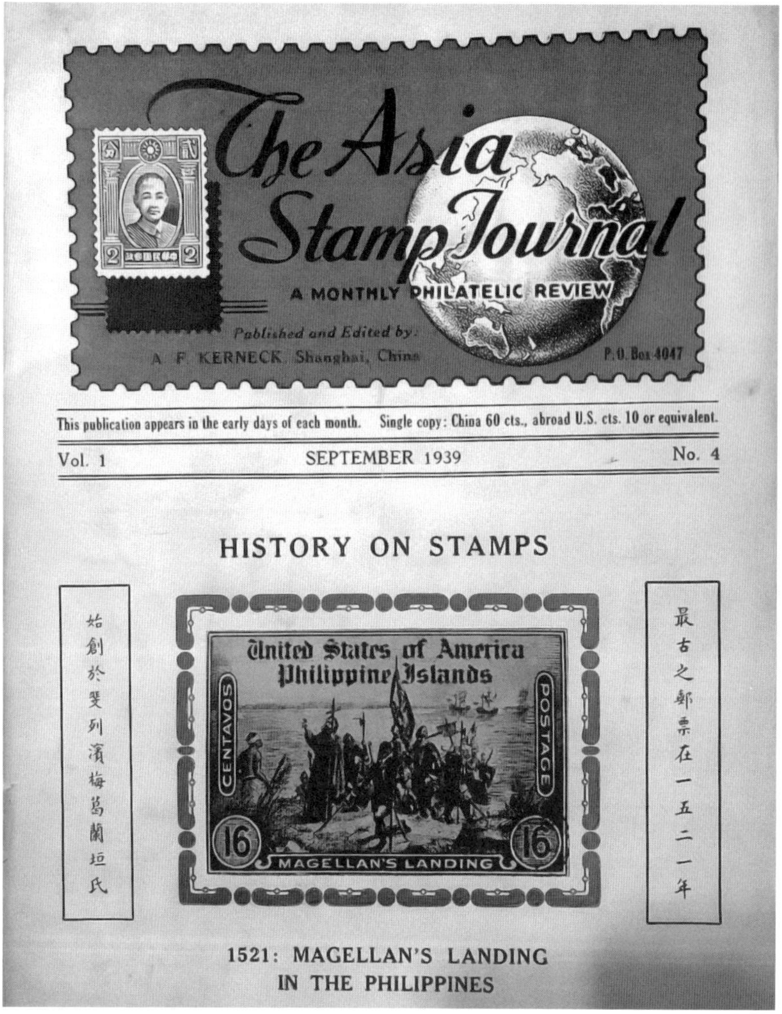

▲ 1912 年末，赖琪、德铿、施开甲和绵嘉义在开利饭店聚会，决定成立上海邮票会，出版了英文版的《亚细亚邮刊》，推动了集邮活动流行

后，出版了中国第一本集邮杂志《神州邮票研究会会刊》，后改名为《邮乘》杂志，成为集邮文化的重要载体。

集邮界的领军人物周今觉，被誉为“邮王”，他不仅在国内集邮界有着举足轻重的地位，也在国际上享有盛誉。他是神州邮票研究会（后改名为“中华邮票会”）的创始人之一，该组织是中国第一个集邮组织，为集邮爱好者提供了丰富的知识资源和交流平台，对推动中国集邮活动的发展起到了重要作用。

集邮，是一项多元化的活动，它不仅能够带来个人的乐趣和满足

▲ 1928 年国民政府为中山先生举行国葬，中华民国邮政发行了《孙总理国葬纪念邮票》一套四枚，以志纪念

▲ 20 世纪 30 年代发行的中华民国邮票

感，还能够激发人们对历史、艺术和地理的兴趣，要求集邮者具备一定的知识基础，了解邮票的发行背景、设计特点和历史意义。当然，那个年代也具有投资价值，许多邮票具有升值潜力，特别是稀有邮票和错票，它们可以作为投资品。邮票常常展示国家的文化特色和历史事件，邮票设计本身就是一种艺术形式，集邮者能够欣赏到各种艺术风格和设计技巧的邮品。

集邮活动不仅限于邮票，还包括封、片、简、戳等邮政用品，这些都构成了集邮的内容。集邮形式多样，包括首日封、国际邮资航空信封、纪念封等，每种形式都有其独特的价值和意义。邮票作为“国家名片”，展示了国家的政治、经济、文化、军事等多方面的代表性内容，集邮活动能够引导人们思考国家的历史、文化和社会问题。邮票设计往往融合了艺术元素，反映了一个国家或地区的审美观念，可以了解不同国家和时期的邮政政策、邮票设计和印刷技术，邮票和邮政用品作为历史的见证，为研究历史提供了实物资料。集邮活动促进了人与人之间的交流，集邮者通过分享和交流邮票，增进了相互了解，通过集邮，人们可以拓宽国际视野，因其丰富的内涵和多样的形式，成为了一种跨越年龄、性别和社会阶层的全球性文化现象。

周今觉是中国集邮界的泰斗，他的集邮藏品非常丰富，其中包括了许多珍贵的邮票，以系统性地收藏中国邮票而闻名。他的收藏涵盖了大量珍稀邮票，为研究中国邮政历史提供了宝贵资料，包括作为中国第一套邮票的“大龙邮票”“小龙邮票”“红印花加盖邮票”；还有民国成立初期发行的邮票，如孙中山像邮票等，具有特殊的历史意义。中国早期的“航空邮票”“变体邮票”；还有特殊用途邮票如慈善邮票、纪念邮票等，这些邮票往往与特定的历史事件或人物相关联；地方特色邮票如西藏、新疆等地区发行的特色邮票，反映了中国不同地区的文化特色。1926年，周今觉将《邮乘》杂志送往美国纽约参加国际集邮展览，获得了“特别铜牌奖”，这是中国人在国际邮展中获得的第一个奖项，提升了中国集邮界在国际上的知名度。

▲ 1931 年上海寄德国经西伯利亚陆路贴邮局代封票邮件

集邮是一项高尚的文化娱乐活动，有佚名作《集邮竹枝词》（其一）云：“方寸之间天地宽，集邮乐趣世间传。红印花绿映眼帘，历史风云掌中观。”说明当时的人们已经认识到，集邮深层次的价值和意义在于它不仅是一种兴趣爱好，更是一种综合性的文化活动。邮票这一小小的方寸之物，展现了世界的多样性和文化的丰富性。集邮这项群众性很广泛的活动一直延续到新中国成立以后。只可惜随着人们生活方式的改变，纸面通信已基本由手机通话代替，邮票在人们的日常生活中已很少用到，导致如今集邮已成往事，成为小众文化了。

洋场十里响爵士

——爵士乐队

爵士乐是一种充满活力和表现力的音乐类型，起源于19世纪末20世纪初的美国，特别是南部港口城市新奥尔良，是爵士乐的诞生地。爵士乐的音乐根基主要来自布鲁斯（Blues）和拉格泰姆（Ragtime），这两种音乐形式对爵士乐的发展产生了深远的影响。可以说，爵士乐是非洲黑人文化和欧洲白人文化的结合，它融合了不同文化的音乐元素，形成了独特的艺术风格，非常讲究即兴演奏，乐手们在一定的和声和节奏基础上，自由地发挥个人的创造力和表现力，爵士乐以具有“摇摆节奏”为基础，是其显著特征，这种节奏模式在爵士乐中非常常见，给人以轻松愉悦的感觉。

20世纪最初十几年，爵士乐主要集中在新奥尔良发展。1917年后，爵士乐的中心转向了芝加哥，30年代又转移到了纽约。从20世纪初开始，爵士乐逐渐风靡全球，成为世界上广受欢迎的音乐类型之一。爵士乐有多种风格，包括新奥尔良爵士乐、摇摆乐（Swing）、比博普（Bebop）、冷爵士（Cool Jazz）、自由爵士乐（Free Jazz）、拉丁爵士（Latin Jazz）、融合爵士（Fusion Jazz）等，每种风格都有其独特的特点和表现形式。它在世界音乐史上占有重要地位。爵士乐的发展和传播，不仅丰富了世界音乐的多样性，也促进了不同文化之间的交流和融合。

30年代，上海成为了远东地区最繁华的城市之一，被誉为“东方夜巴黎”。上海城市与爵士乐之间的联系确实是一段迷人的历史，

▲ 1905—1914 年英国皇家海军舰艇“克里奥号”来沪，图为乐队成员在舰艇甲板上合影

▲ 1930 年梅兰芳率领“承华社”剧团前往美国演出，与著名男低音黑人歌手伦纳德·杜古德合影，中间是华裔好莱坞女星黄柳霜

民国时期的上海夜生活丰富多彩，爵士乐成为夜上海的重要组成部分。夜幕降临时，霓虹灯闪烁，舞厅、酒吧和夜总会成为社交和娱乐的场所。爵士乐传入上海，首先是租界里外国侨民引入，包括美国人、英国人和其他欧洲人，这些侨民带来了他们的音乐文化，他们在上海组织聚会和舞会，常常有爵士乐队现场演奏。随着留声机和唱片的引入，爵士乐的唱片开始在上海流行。人们可以在家庭和商业场所听到爵士乐，这促进了爵士乐在上海的传播。上海的舞厅和夜总会，如百乐门舞厅、大华舞厅等，成为爵士乐的重要演出场所。这些演出场所常常聘请国内外的爵士乐队进行现场表演，一些外籍乐队和音乐家在上海的酒店、俱乐部和夜生活场所演出，如俄罗斯爵士乐队在上海的表演就非常受欢迎。这些乐队带来了正宗的爵士乐风格，促使中

国音乐家开始学习和演奏爵士乐，并在此基础上进行创新。

著名的中国音乐家黎锦光是中国近现代音乐史上的重要人物，被誉为“中国流行音乐之父”。他在20世纪初期至中期的音乐创作中，融合了中国传统音乐元素与西方流行音乐风格，如黎锦光的代表作之一《夜来香》，以其优美的旋律和浓郁的爵士风格而著称，不仅在中国广为流传，在国际上也得到了认可。黎锦光的另一首著名作品《香格里拉》以其独特的旋律和和声处理，展现了一种梦幻般的氛围。《采槟榔》则以中国南方的槟榔为主题，融合了爵士乐的节奏和中国传统音乐的旋律特点。

▲ 1923—1924 年来沪的英国乐队在甲板上演奏

▲ 20 世纪 30 年代上海的俄罗斯爵士乐队，与上海的舞厅文化紧密结合

▲ 20 世纪 30 年代中期，上海的繁华光景吸引来了美国黑人爵士乐手巴克·克莱顿

其他还有《何日君再来》《玫瑰玫瑰我爱你》《疯狂世界》等作品，旋律和节奏都体现了爵士乐的特点，同时歌词表达了深厚的情感。这些音乐作品不仅在当时的中国音乐界产生了重要影响，也为后来的中国流行音乐和爵士乐的发展奠定了基础。

上海吸引了一大批国内外的音乐家，包括华人和外籍歌手、乐手，一些教育机构和私人音乐学校开始教授爵士乐，培养了一批本地的爵士乐手和音乐教师。在各种文化活动和节日庆典中，爵士乐成为展示上海国际化形象的一种方式，加上商业广告和宣传活动中也开始使用爵士乐，作为一种时尚和潮流的标志。通过这些途径，爵士乐在上海迅速传播开来，很快在上海的夜生活中占据了一席之地。它的摇摆节奏和即兴演奏形式与上海的开放性和多元文化相契合。

爵士乐在上海的发展也是中西文化交流的一个缩影。中国音乐家开始尝试将中国元素融入爵士乐，创造出具有中国特色的爵士音乐。清末民国时期，上海的爵士乐队开始出现，“洋场十里响爵士，灯红酒绿乐声扬。”这句竹枝词就是对当时上海租界地区繁华的景象和爵士乐队演奏场景的记叙，反映了上海西方文化与本土文化碰撞与融合的影响。

儿童争先试枪法

——射击运动

街头气枪摊用枪打气球的娱乐活动，在20世纪三四十年代的上海已经非常普遍，成为当时民众娱乐的一个项目。摊主使用的器具非

▲ 1895 年公共租界的工部局在北四川路底“永租”农田 237 亩，筑起了简易的靶垛，形成了最早的虹口靶子场，图为虹口公园早期靶子场情景

▲ 民国时期重视学生军训，射击成为重要科目。图为 1917 年上海圣约翰大学学生军训阅兵式

常简单，一把玩具枪、一些气球和一块木板就构成了摊位的全部设施，这种摊位吸引了不少青少年和成年人，不同年龄和背景的人都能参与其中，顾客花费几个角子，就可以射击10枪。虽然使用的是气枪或玩具一类的枪，但顾客仍需一定的瞄准技巧和手眼协调能力。为了吸引顾客，摊主通常会为打中的气球设置奖品，如小玩具、糖果或其他小礼品，这增加了游戏的趣味性。对于摊主来说，这种摊位是一种谋生手段，一天只要有足够多的顾客参与，就能带来不菲的收入，成本低廉而获利颇丰。加之这些摊位设施简单，易于搭建和拆卸，摊主可以根据人流的状况灵活移动摊位。尽管玩具枪可能涉及安全和法律风险，但彼时市政当局疏于监管，“枪打气球摊”就成了那个时代街头文化的一部分，反映了当时社会的风貌和市民的日常生活。有《街头气枪摊》竹枝词云：“儿童争先试枪法，气球摊上笑声喧。铜板落地金声响，换来欢乐满街传。”

民国时期的街边枪打气球摊是一种简单而流行的娱乐方式，但也是射击运动的一个雏形。射击运动的起源与狩猎和军事活动密切相关，最初，枪作为狩猎工具被用来捕猎野生动物，是人类利用火器技术的一种体现。随着技术的发展和战争的需要，枪械逐渐成为战场上的主要武器之一，对军事战术和装备产生了重大影响。15世纪，瑞士举办的火绳枪射击比赛，是已知的早期射击运动形式之一，体现了射击技能的竞赛性质。在500多年前的斯堪的纳维亚半岛，跑鹿射击游戏作为一种娱乐活动流行开来，这些活动要求参与者具备精准的射击技巧。19世纪初期，欧洲一些国家举行过活鸽子射击游戏，这些活动虽然在现代看来可能具有争议，但在当时是射击技能展示的一种方式。随着时间的推移，当世界告别了冷兵器时代，射击运动逐渐演变成为一项体育运动。19世纪末至20世纪初，随着现代奥林匹克运动会的兴起，射击运动开始规范化，形成了现代射击比赛的雏形。

国际射击运动联合会（ISSF）的成立，推动了射击运动的国际标准化和竞技水平的提升。射击运动逐渐在全球范围内普及，成为许多国家体育文化的一部分，并在国际体育赛事中占有重要地位。随着枪械技术的进步和对射击安全的关注，射击运动的设备和规则不断发展和完善。现代射击运动包括了多种项目，如步枪、手枪、飞碟射击等，满足了不同参与者的兴趣和需求。

▲ 在 1927 年度租界万国商团射击赛中获得冠军的“中华队”

射击运动的发展不仅反映了人类对火器技术的掌握和应用，也展现了体育运动从军事和实用技能中独立出来，成为一项具有竞技性和娱乐性活动的过程。西方射击运动的引入，帮助中国人认识到体育运动的重要性，推动了体育观念的现代化。作为军事训练的辅助手段，民国时期，虽然射击运动在中国的普及程度有限，但仍有一些著名的射击运动

▲ 20 世纪 20 年代的富家子弟，妻妾成群，在荒野上射击的情形

▲ 20 世纪 40 年代上海街头气枪摊聚集了一群打气枪的“枪手”

员在国内外赛事中取得了显著成绩，涌现了许多著名的“神枪手”，如新四军战斗英雄王友才，获得“五枪打掉五盏灯神枪手”和“三颗手榴弹甩进敌碉堡神弹手”的光荣称号，并被评为一等功臣。曾任中华民国代总统的李宗仁，不仅是著名的军事将领，也是射击爱好者，他的射击技能也有不俗的表现。

民国时期的学校，开始将射击作为军体教育的一部分，培养学生的体育兴趣和技能。射击运动吸引了不同社会阶层的参与，包括军人、学生、商人等，促进了社会各阶层的交流。为了满足射击运动的需求，许多射击场等体育设施也开始建设与完善。射击运动的流行也影响了当时的文化，如电影、文学等作品中出现了射击运动的元素，女性积极参与射击运动，促进了性别平等和女性解放的社会观念。射击运动不仅作为一项体育运动在全球范围内发展起来，而且在民国时期的中国产生了深远的影响，促进了体育事业的发展和社会观念的变革。

健骨清姿映日红

——露肌健美

健美运动最早起源于古希腊，当时的运动员通过举重和其他形式的力量训练来增强身体力量和肌肉线条，19世纪末至20世纪初，西方社会开始重视身体美和健康，出现了现代意义上的健美运动。健美运动的发展与民国时期中国人体育运动的接受度和影响是相互关联的。

19世纪末健美运动在欧洲兴起，是一项通过徒手或各种器械，结合专门的动作方式、方法进行锻炼，以发达肌肉，增长体力，改善人的形体和陶冶情操为目的的运动项目。自1901年9月4日在英国举行第一次世界健美比赛开始，这项运动项目迅速在世界传播开来，20世纪上半叶传入中国，当时有西方人士多次在中国的上海、天津等大城市进行各种健美表演活动。1918年在上海精武体育会举办的第六届毕业运动大会，提出了“体育真相”的体育运动项目，就是引进西方健美运动与中国传统的技击技术结合在一起的一项运动。据上海档案馆存档的《精武本纪》记载，该届毕业运动会发布的“启示”中说：“体育真相之角抵术，乃根据近代体育家露肌运动法以鼓舞运动员之兴致，并以资筋肉发展之观感”，并认为“此举关系体育甚巨，西人曾编专书论及之，观者幸勿误为欧美卖技者流，藉筋肉之膨胀以炫人也”。从文中可以看出，精武体育会将“体育真相”视为中国古已有之的“角抵术”，根据“近代体育家露肌运动法”，即近代健美运动加以改造而成，它的特质在于两两相交之“角抵”和“露肌”，是将西方健美运动与中国传统的技击技术结合的一项特有的体育运动项目。传统与现代结合，体现了民国时期中国对西方体育的接受和本土化创新的努力。

▲ 中国健美运动先驱、沪江大学学生赵竹光

上海精武体育会自创办以来就十分关注西方的健美运动，借鉴这种运动的某些特质，结合中国传统武术动作和套路模式，逐渐形成自身特有的中国式健美运动“体育真相”，并在众人瞩目的毕业典礼及运动会上进行表演。从陈公哲等人在运动会上所表演的内容来看，精武体育会的健美训练方式与西方的不同，西方的健美训练一般是采用各种徒手练习，如徒手健美操、韵律操、形体操以及各种自抗力动作等，或采用运动器械如杠铃、哑铃、壶铃等举重器械，单杠、双杠等体操器械进行练习；而“体育真相”则是借鉴西方健美运动中的一些特性，依据中国传统武术和套路练习，将“露肌”作

▲ 20 世纪 30 年代健美运动员柯维覃和陈汉良

▲ 1934 年 12 月 2 日《号外画报》刊登上海女子健美运动员照片

▲ 20 世纪 40 年代江浙沪等地兴起健美热，一群赤裸上身的健美男子，地面摆放着哑铃、杠铃等健身器材，表明是一家体育社团合影

为健美运动中的重要环节。

精武体育会认为露肌表演，是为了向人们展示健硕的“筋肉”，借此告诉人们身体的强健不能仅仅凭借天然发育就能完成，必须进行后天的锻炼才能实现。在儒家文化占据统治地位的文化氛围内，裸露身体被认为大不敬，但精武体育会几位骨干陈公哲、姚蟾伯等人亲自穿戴自制的“豹皮衣”登台表演，也是一种有力的视觉冲击。上海大规模健美运动开始于20世纪30年代。受英国举办“英国先生”健美比赛的影响，沪江大学学生赵竹光首先发起成立了沪江大学健身会，随后以健美运动为主的健美班、健身学院、体育机构相继在上海出现。

赵竹光是广东新会人，1933年毕业于沪江大学。他参加了美国健身专家列戴民的健身函授班。当时，赵竹光和同学们除了练习杠铃、哑铃、单双杠等发达肌肉力量的运动外，还习练拳击、摔跤、柔道等自卫技术。在他的倡导和组织下，成立了中国第一个健身组织——沪江大学健美会。健美会是亚洲最早的健美组织，甚至一度获得政府的支持，添置了很多必要的器材，并聘请外籍老师来授课。那时人们进行健美运动的方式多种多样，包括柔软体操、器械体操、芭蕾舞、现代舞、户外运动、武术、剑术等，既可以锻炼身体，又能培养气质和提高精神修养。

民国时期，人们对健康和美的追求，表明中国人的体育观念开始从传统的武术和体操转向更多元化的体育运动，其中就包括健美运

▲ 1941 年 7 月创刊的《健力美》杂志，编者赵竹光与其早期同学留影

动。民国时人佚名竹枝词云：“洋装轻便步生风，健骨清姿映日红。竞逐操场朝气满，新时女子韵无穷。”此诗描绘民国女子，身着西洋风格健美服，于时代浪潮中展现独特风姿。凸显出那个时代女性追求自我、突破传统束缚的健美新风尚，以及女性对新思想、新生活的积极拥抱。

第五章

武术竞技与体育的流行

清末的中国社会，国势衰微，民族危机深重，国民也精神萎靡，身体羸弱，蒙受“东亚病夫”之讥。有鉴于此，一批仁人志士认为欲救亡图存，必先强民强种，于是一方面鼓吹尚武精神，掀起军国民教育思潮；另一方面则发起成立各种体育社团和组织，练习体操，传授武艺。1843年上海开埠后，随着大量移民和资本的涌入，上海成为近代中国最大的工商都市，绅商阶层也随之崛起，在近代上海城市的发展中扮演重要角色。当军国民教育思潮萌发之时，他们闻风而动，身体力行，创办了许多体育社团，招收会员进行训练。在此浓厚的氛围下，中国精武体操会，由爱国武术家霍元甲（1869—1910）等创办于1910年。

清末民国时期，中国人对“体育”概念的接受与认同经历了一个逐渐深入和扩展的过程。随着西风东渐，西方的体育思想开始影响中国。一批有识之士认识到体育对于强兵御侮、强种强国的重要作用。他们强调体育的社会功能，将体育与国家的前途和命运紧密联系在一起。五四新文化运动，也使得“体育”的概念在汉语中逐渐形成，并在教育学和卫生学两大领域得到应用。民国时期，将体育与教育相结合，并将其纳入学校教育体系，体育课程、体育比赛和运动会等活动开始普及。从1915年开始，人们开始从体育的本质去定义体育和认识体育，逐渐从强兵、强种、强国的观念，向健身、娱乐、竞技的观念转变 。

实用主义体育学派认为体育就是通过身体活动进行的教育，目的是培养全面发展的人。这种思想对20世纪以来的世界体育，尤其是学校体育产生了较大的影响，并在中国得到传播和推行。自然体育思想强调体育活动的自然性和自愿性，对我国近代学校体育理论与实践的发展产生了一定的积极影响。国粹主义体育思想强调对中华传统体育文化的深挚情意和崇高评价，主张在自我复兴之路上注重中国传统体育文化的发扬光大。

怀揣救国理想的进步商人与受过良好教育的热血青年，不约而同地主张武术与近代体育结合，提倡体、智、德并重，在中国武术界和体育界产生了深远影响，特别是1916年精武体操会更名上海精武体育会之后，江南体育文化也翻开了新的一页。

▲ 20 世纪 20 年代上海精武体育会的会员正在练习拳术

纵死犹闻侠骨香

——武术传习

中国传统武术，最初作为军事技能，用于训练士兵和选拔将领。“武举技勇”“武学技艺”，特别是江南武举，在中国武术史上有相当地位。随着时间的推移，武术逐渐融入社会文化，成为民间文化传承的一部分。武术作为中国传统文化的重要组成部分，承载了丰富的历史信息和文化价值。在传承过程中，武术技艺与哲学思想、道德规范相结合，形成了独特的文化体系。武术技艺丰富多样，包括拳法、器械、内外功等。不同地区、不同流派的武术技艺各具特色，形成了多元化的武术体系。唐代诗人王维《少年行四首》其二云：“出身仕汉羽林郎，初随骠骑战渔阳。孰知不向边庭苦，纵死犹闻侠骨香。”

刚刚离家就当上了皇家禁卫军的军官，随后又跟从骠骑大将军参加了渔阳（今北京市密云区西南）大战。谁不懂奔赴边疆从军的苦楚呢？纵然战死沙场，还能留下侠骨芬芳。这首诗描写了少年侠客从军报国、征战沙场的豪迈气概，盛赞了为国赴难、视死如归的献身精神。

▲ 清末中国人的传统武术教习

武术在民间的普及，不仅提高了民众的身体素质，也起到了教育和规范社会行为的作用。通过武术练习，培养了人们的意志品质、自律精神和社会责任感。它的传习制度，主要是基于师徒传授，师傅将自己的技艺和心得传授给弟子，弟子通过长期的学习和苦练实践，逐渐掌握并发扬光大。在一些地区，武术技艺在家族内部传承，形成了家族特有的武术风格和技艺。古代社会的“武举”与“武学”，为武术的发展提供了官方支持和制度保障。通过武举选拔，许多武术人才得以进入军队或官府机构，推动了武术技艺的发展和传播。

▲ 1916 年上海精武体育会的两名会员正在练谭腿

到清末民初时期，中国武术的师徒传授制度也发生了一些变化。随着鸦片战争引发的社会生活的剧变和西学的输入，揭开了一个新时代的帷幕。传统武术与清末新学制的形成之间建立了联系，而且在学理探讨上，在救亡图强、知识群体重组、以西释中等背景下，强化了武术的国防、教育、健康等功能；在近代教育模式下，其传习制度开始融入学校体育之中，形成了一种新的教育形式。

随着西方体育的传入，武术开始向科学化、规范化的方向发展。这种发展促进了武术传承方式的历史转折，形成了各种武术教学模式。在清末民初，武术的传播途径和方式发生的变化，主要体现在传播方式的多样化，打破了以往单一的师徒传承模式。报纸、期刊、书籍和电影广播等媒介对武术的传播起到了重要作用。武术不仅在教育机构中传播，还在军队和民间组织中得到了广泛传承。这种传承反映了武术作为一种民族象征的体育文化，具有更广阔的外延。

1910年4月初，霍元甲再次来上海，在张园设擂比武。他在上海各大报纸连续刊登广告，名为《中外大力士定期比武》，其中明确指名要与英国大力士爱君比武，但未能如愿。连外国大力士都不敢应战，霍元甲武艺之精湛可见一斑，遂有很多人想跟他学武，因此他产生创办武术学校的想法。从4月19日起，他连续三天在《时报》上刊登《中国大力士霍元甲广告》，提到写信拜他为师的人很多，无法一一回复，拟开设学堂，择优录取，以满足众多求学者的要求，是办学堂来教学生，而不是采取传统的师徒传承方式。所以，上海精武体育会的前身是“精武体操会”，会址在火车站旱桥附近，而这个体操会最早则是“精武体操学校”，校址在闸北王家宅。这个时候的武术家，开始提倡采用现代西方的课程制教学方法，以促进武术的广泛传播。

▲ 20 世纪 30 年代的武术教习活动

▲ 1933 年太极拳师徒同门合影

武术作为中国传统文化的重要组成部分，在清末民初时期，武术文化的传播不仅涉及技术层面，还代表了一种理念和精神的传播，体现了中国特有的英雄主义“侠文化”。清末民初时期，中国武术的师徒传授制度在社会变迁和西方文化影响下，开始向更多元化、科学化和规范化的方向发展，同时也在探索与现代教育体系相结合的新途径，它成功地将西方体操的方式、体育教学的方法，以及竞技运动的思想注入传统武术之中，给中国武术留下了深深的印迹。

鸣鞘声里绣旗红

——尚武精神

谈起“尚武精神”，不禁想引用南宋词人张孝祥作于南宋乾道四年（1168）的一首词《浣溪沙·霜日明霄水蘸空》：“霜日明霄水蘸空。鸣鞘声里绣旗红。淡烟衰草有无中。万里中原烽火北，一尊浊酒戍楼东。酒阑挥泪向悲风。”这首词很有一股好男儿的丈夫气：秋日的天空，晴空万里，我登上荆州城，只见水天空阔，交相辉映，边塞处鞭声响亮、红旗耀眼，边地上衰草连天、烟雾笼罩，望上去隐隐约

▲ 清末民初兴武思潮涌动，图为清末手执双刀的武士

▲ 清末动荡年代佩刀的山中武士

▲ 1919 年，孙中山先生为上海精武体育会成立 10 周年题词“尚武精神”

约，处于有无之中。凭高北望，自然想起那万里之外沦陷的中原，心情无比沉痛，便在城楼上饮下杯浊酒，原想是要借酒消愁，无奈酒罢益悲，忍不住临风洒泪，凄凉秋风中心情更加沉痛。可以说，这首词很形象地诠释了“尚武精神”的精神内核。

按照《辞海》的解释，“尚武”本义是“提倡、重视与军旅、战争有关的事”，但广义的“尚武”，更着眼于重视体质、提倡武术；改变“重文轻武”习俗，加强军事训练，保家卫国。1920年，当上海精武体育会成立10周年之际，孙中山为陈铁笙编的《精武本纪》作序，并亲笔题写“尚武精神”四个大字。这四个字体现了中国人民在面对国家危机时的自强不息和勇于抗争的精神，强调民族精神的培养，不仅仅是军事上的武装，更是一种精神上的准备和态度上的积极。孙中山将“尚武精神”视为国家成立的基础之一，认为这是国家文明得以维持和发展的重要支撑，体现了中国人民不甘屈服、勇于抗争的民族精神，是中国人民在面对外来侵略和内部腐败时的一种自我救赎和自强不息的表现，更是强健民族体质与民族精神的实际行动，它要求国民具有强健的体魄和不屈不挠的意志，以应对国家和民族面临的严峻挑战。

“尚武精神”不仅仅是少数人的呼声，更需要社会大众的广泛支持和普遍认同。孙中山希望通过教育、文化等途径，使尚武精神成为民众的共识。从社会学角度看，清末民初的社会，“尚武精神”作为一种思潮，其形成和发展，是社会大众的群起响应，以国民强健的身体来推动一个伟大的民族振兴和雄起。

孙中山是个医生而非体育家。他有一套好的个人卫生习惯，也有如打猎、打网球、登山、游泳、徒步旅行等体育实践活动。但他更从革命、尚武、练兵角度来重视和提倡体育，把体育、技击与强国富民有机地结合起来，以振奋民族精神和爱国精神。他认为，只有具备尚武精神的人才能成为真正的中国人，只有具备尚武精神的国家才能立于世界之林而不败。因此，“尚武精神”成为孙中山先生所倡导的重要价值观之一。“尚武精神”给予后起的民国以深远的影响，它强调了个人自强不息、坚韧不拔的精神品质，激励着人们不断前行、追求卓越。

尚武精神也曾经是中国传统文化中最闪光的成分，中国文化中最辉煌的部分是在春秋战国的尚武时代产生的，诸子百家群星璀璨，成为国学之源，倡导在朝胸怀天下，安民强兵，锐意进取；在野则轻生死，重大义，知廉耻。先贤相望，士风因袭，中国历史上辈出的英雄人物，至今令国人景仰。尚武精神意味着不向任何强权屈服，从不依

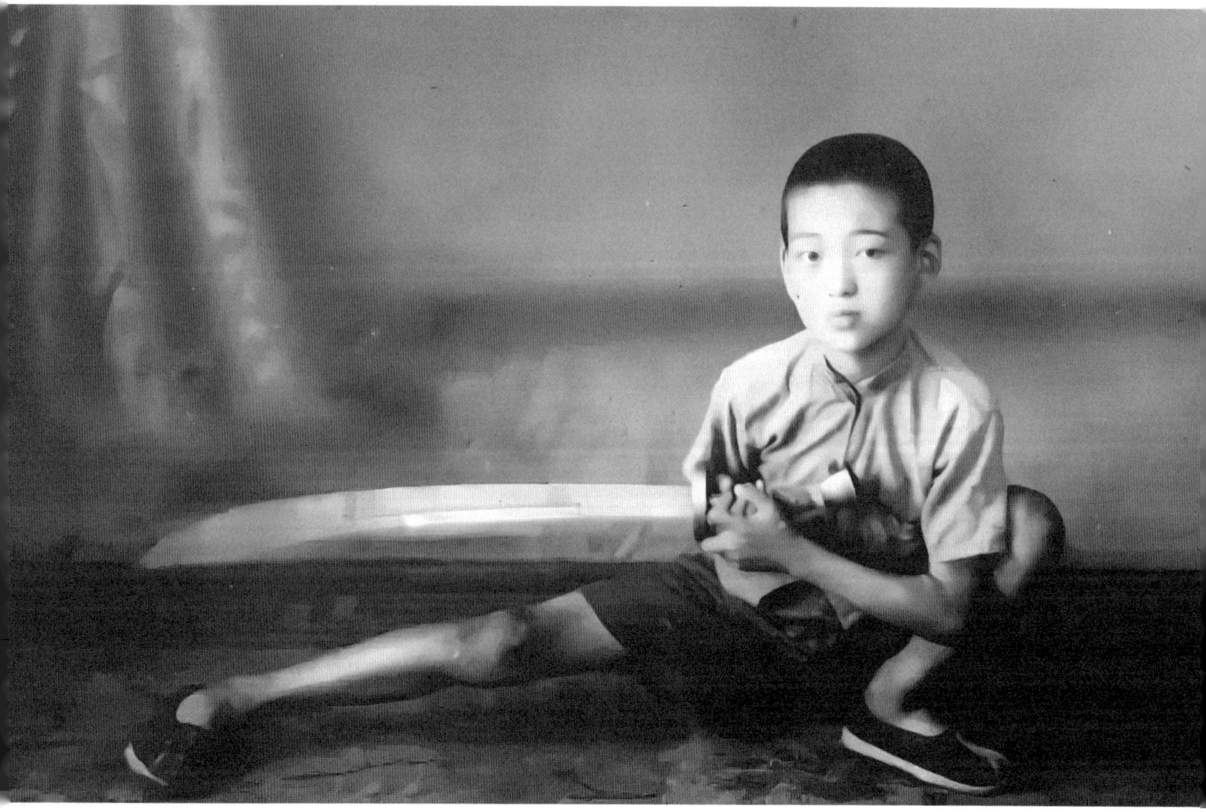

▲ 20 世纪 30 年代上海一个手持大刀、摆出武术姿势的少年

▲ 20 世纪 30 年代正在练刀术的女子

附别人，体现一个民族自尊自强，敢于战胜一切敌人和困难的勇气。西汉名将陈汤“明犯强汉者，虽远必诛”的豪言，至今仍然令人热血沸腾。

然而，从唐末开始，尚武精神就逐步在泯灭。特别是宋朝，封建统治阶级从自身利益出发，大兴文风，重文轻武。从此，华夏子孙尚武之风渐衰。异族入侵，入主中原，用各种方式扼杀汉民族的尚武精神。日本一个弹丸之国，竟使亿万之众的中国多次受辱，甚至蹂躏中国人民达十四年之久！

在全民族抗日战争中，中国人民展现了顽强的抵抗精神和不屈的民族气节，无数爱国志士、普通民众拿起武器，与日本侵略者进行了殊死搏斗，谱写了许多可歌可泣的壮丽诗篇，充分彰显了中国人民的尚武精神和爱国情怀。

学界开通尚武风
——国术体操

清末民初的特殊时代背景，武术不仅在技术上有所改进，更在精神上被赋予了新的内涵。武术被视为一种磨炼意志和培养民族精神的方式，成为“强国强种”愿望的体现。鸦片战争以后，随着冷兵器的衰微，武术与军事技术逐渐分离。清末民初的中国在“救国图存”的大背景下，在近代西方体育传播的冲击下，提倡“强国强种”的民族精神和尚武精神的呼声不绝于耳。

▲ 1923 年精武体育会参加在上海举办的全国武术大会

▲ 1930 年 3 月全国运动大会全体职员摄影记念

晚清时期，面对内忧外患，清政府开始寻求变革，以强化国家实力和民族精神。1901年，清政府宣布废除传统的武举制度，这一制度曾是选拔军队武官的主要方式，但已不适应热兵器时代战争的需要。晚清实行“军国民主义”是清末新政改革的一部分，清政府开始引进德国和日本的军事训练方法，以提高军队的战斗力和纪律性。当时“兵操”或称“军事体操”，被引入到军队和各级学校中，目的是培养民众的军事素质和集体主义精神，主张通过军事训练加强国民的体质和意志，在教育体系中，军事教育成为重要组成部分，学生被要求参与兵操训练，以培养其军事技能和爱国情怀。这一政策对社会产生了深远影响，提高了民众的军事意识和国家认同感，同时也为后来的军事现代化奠定了基础。

那么，实行“兵操”与传统武术有什么关系呢，虽然废除了武举，但传统武术并未被完全抛弃，而是与现代军事训练相结合，形成了具有中国特色的军事体育。对于“军国民主义”，历史评价褒贬不一。一方面，它体现了清末政府改革的尝试和自强不息的精神；另一方面，它也被视为军国主义的变种，有可能导致过度的军事化和社会紧张。晚清的“军国民主义”是中国近代史上一次重要的军事和教育改革，它在一定程度上推动了中国社会的现代化进程，并对后来的军事发展和国民教育产生了深远的影响。

▲ 20 世纪 20 年代上海精武体育会国术队英姿

清末社会的变革，引起社会各阶层思想开放，先进知识分子和革命派纷纷提出自己的体育思想，军国民体育思潮也开始涌现，“强国强种”的声浪日渐高涨，国人对传统武艺的偏爱心理使武术得以发展。“土”“洋”体育之争在某种程度上促进以武术为代表的中国传统体育与西方近代体育的发展初步融合。清末民初教育制度变革，使得武术成为学校体育的重要组成部分，武术教育开始走向科学化、规范化。在清末民初，武术开始走上了“民俗化”的道路。武术文化的传播不单单是武术技艺的传播，也代表了一种理念和精神的传播。

▲ 1939 年精武体育会国术部参加国术运动大会

▲ 20 世纪 30 年代上海精武体育会国术部部分成员合影

1910年在上海成立的精武体育会，为了训练民众体格与精神心灵，将精武精神传遍中华大地，以帮助国家强盛成为精武体育会倡导的“精武主义”。在面临民族危机和欧风盛行下的道德失范时，名人志士以古人尚武勇敢为典型，希望建立一个国家和民族崛起及振兴所必需的国人的武士道，以及国人将武术作为强身健体之术，最终集结到保家卫国的爱国精神这面旗帜之下。清末民国时期，一些文人创作的竹枝词描述了当时实行的“军国民”兵操。《上海县竹枝词》：“学界开通尚武风，学生军操气如虹。握拳透爪目眦裂，俨如徐福岛中童。”“兵操新样制洋枪，年少从军意气扬。他日请缨收失地，好将功罪问沙场。”就是对当时尚武气氛的描摹。

“武术”一词，多次出现在古诗文之中，除了战争战略的内涵之外，还应包含搏击技能与兵器运用的“战术”和“功夫”在内。在冷兵器时代，战争战略与技击运用不可分割。随着冷兵器时代的结束，

“武术”逐渐变为个人技击术的专用词汇，并代替了“武艺”等词。1927年，张之江向国民政府申请改“武术”为“国术”，并在1928年创办“中央国术馆”，他提出“国术”一词，是强调武术的民族性和强国强种的功能，屈武作《“中央国术馆史”序》说“使之与国旗、国歌、国画、国徽齐名”。然“国术”一词内涵不具体，如美术、医术都是“术”，按说也属于“国术”。所以到新中国成立后，又把“国术”改成了“武术”。

一门武达更文通

——技击考试

1916年孙中山在精武体育会成立7周年之际说：“技击有益于身体，且科学昌明。长枪大炮必有失恃之日，国人不可不重视国术，短兵相接时，技击之能尤为重要。”希望借助精武体育会弘扬“尚武精神”，引领国人走向强健。孙中山还勉励精武体育会说：“20世纪立国于地球上者，群雄争竞，未能至于大同时代，非兵力强盛不能立

▲ 精武同源学校上海崇德女学技击班。阮玲玉在学生时代曾学习精武武术

国。”所以，要加强抓紧军事训练，做到“行军之际，专恃走路。练习之法，只需日行二十里，十日之后，每日递加五里，如此则不觉劳顿，而脚力自健。”个个身强力壮，战之能胜。

精武体育会在会内开创了技击术考试制度，对于学员级别的认定，规定各班级学员，只要经拳师传授，修满两年，并修完所在班级的学习内容，就可视为初级毕业，发给初等毕业证书，在所着精武服饰上襟缀黄星一颗，修满四年的学员为中级毕业，发给中等毕业文凭，襟饰黄与蓝两星（蓝星在1918年以前用绿色，后改为蓝色）；学员按规定学习内容修满六年者则为高级毕业，发给高等毕业证书，襟饰红蓝黄三星以上。但三个等级证书都必须是经过技击主任认可考核合格者方能领到。武术技击开始考试，这标志着武术教育开始重视标准化和系统化。

清代词人王家枚作《校贡氏科举志率成一律》：“一门武达更文通，科第由来冠邑东。父子同年魁虎榜，弟昆接踵步蟾宫。”精武体育会的技击考试制度逐渐成熟，它的意义是前无古人的，对武术教育的质量和武术人才培养大有裨益。

为了检验学员学习成绩，公平评定其毕业程度，精武体育会组织有考试委员会，并制定出较为规范的考试规则。根据精武体育会考试委员会的讨论，决定考试采取给分制，“给分以100分为足分，70分为及格”；给分标准由各委员按“精神、气力与姿势动作”三个方面的内

▲ 1919 年上海精武体育会举行武术技击操演练

▲ 1928 年 10 月 15 日至 20 日，第一次全国国术考试在江苏省立公共体育场举行，图为专门搭建的“国术重光”牌坊

▲ 20 世纪 30 年代精武体育会武术进校园，图为上海广东小学技击班得奖者

容分别打分，最后“将各委员所给绩分合计再平均之”；为了保证毕业会员的武术水平，考试纪律采取“严格主义”，只有“满足分，方许毕业”。在考试内容上，根据不同的级别、不同的门类也有不同的规定，上海精武体育会在1922年举行的第22届国术毕业考试中，就规定会员参加考试的科目如下：谭腿门：初级为谭腿、功力拳，中级为大战、八卦刀，高级为节拳、五虎枪。螳螂门：初级为碰步、摘腰，中级为出洞、梅花拳，高级为梅花枪、燕青刀等。

为配合技击术教学形式的改革，在教学内容的选取上，精武体育会贯彻“南宗北派并蓄兼收”，熔各派于一炉的策略，一方面吸收当时“新武术”的武术编练方法，将武术套路中的一些动作抽取出来，或作为独立动作内容，或从新编排，形成新的套路；另一方面则采用传统的武术套路作为教授内容。经过认真研究和讨论，精武体育会将“精武十套”定为精武技击教学的基本教材。“精武十套”即“谭腿、功力拳、节拳、接谭腿、八卦刀、五虎枪、大战拳、套拳、群羊棍、单刀串枪之十套”，内含武术套路共260余套。武术教材的选择，要做到一技有一技之精华，一技有一技之实用，这样才能使人们通过习练技击术这一中国传统体育运动项目，得到强身健体的最大效能。经过组织武术专家进行讨论，一致认为“谭腿”是练习武术者“毕生之不

▲ 曾担任上海精武体育会摔跤总教练的武术家佟忠义（右）与武术家王子平（左）的合影，中间站立者为费隐涛

可或辍者”，究其原因，武术名师们认为谭腿“手法既多，步武稳固”，操练时“既能各个运动，即合百十人为团体，亦可以口令指挥，繁简咸宜，长幼可习”，如果能坚持一段时日，则“日以半小时为度，则其精神体魄已获无穷利益亦”，且“熟而习之，不特后来练习各技迎刃而解，且使精神气力日见增加”，可谓“初学之阶梯，入艺之基础”，故而“谭腿”被确定为“精武十套”的基础练习套路。时至今日，经过挖掘和整理，“精武十套”仍然是上海精武体育会武术教学的基本内容和必不可少的比赛规定套路。

精武体育会还根据各武师的专业特长进行教授，“南派、北派、短拳、长拳罔不具备”。学员经过跨拳种学习，都能“南北混成”。久而久之，“自成一种融合南北，取精用宏之技术”，客观上也就打破了武林各门派之间的门圄阻隔。

张园比武术兼操

——打擂比武

先从张园本身说起，张园这一公共空间的形成，与上海特殊的政治环境密切相关。当年上海租界既是中国领土，又不受中国政府直接管辖，使得中国大一统的政治局面出现一道缝隙。这道缝隙虽小，但在清政府统治系统中，成为一条朝廷意图贯彻力量薄弱地带，也就成为反清革命力量可以利用的政治空间。再说张园的经营者张叔和其人，1882年购得此园，将其命名为“张氏味莼园”，又称张家花园，简称“张园”。此公是无锡富商，也是一位奇人，曾以广东候选道的身份，到轮船招商局帮办事务。据传1887年1月20日，他所乘轮船被英国一船撞沉，船上83人罹难，他攀上桅杆，得以幸存，可谓大难不死。此后专心致力于实业，经营张园。张园鼎盛期在1893年至1909年之间。

▲ 1909 年冬，袁恒之出资在张园摆擂，霍元甲在上海挑战西方大力士，奥皮音两次爽约

1885年，张园开始对游人免费开放，成为晚清的第一公共空间，展览、演说、游乐设施、西式下午茶等众多公共活动，独步海上，人称上海市民最大的公共活动场所，一时风光无限，被誉为“海上第一名园”。张园的开放，标志着江南私家园林向公共花园的转变。

霍元甲是天津人，本与上海没有交集，为什么会跑到上海要与嚣张跋扈的英国大力士一较高下呢？据陈公哲《精武会五十年》的记载，霍元甲挑战奥皮音的过程并没有成为实际的比武。“1910年春，西洋大力士奥皮音来上海，表演西洋力士技术……最后一场言，愿与华人角力。于言谈中，带多少轻蔑口吻，翌日见于报端，沪人哗然。”霍元甲南下上海，挑战奥皮音，但到了约定的比赛时间，奥皮音并没有出现，而是离开了上海，“时在六月中旬，下午四时开始比赛，届时奥皮音失约未来，后知已经他去”。因此，霍元甲并没有与奥皮音真正对垒，而霍元甲与当时寓沪日本武士的比武，实际上也属于一次友好的武艺切磋，并非如一些传闻中的夸张描述。这一事件，就如同后世的“网红”事件一样，经媒体渲染和民间以讹传讹，可能被夸大或误解。而陈公哲的记载，更接近事实的真相。霍元甲于12月2日起在张园设擂台3天，为吸引他人前来挑战，还在《时报》打出广告，设有丰富奖品，如果有人能将他推倒者，就能获得奖励。然而两天过后，无人与之较量，虽然这次中外大力士比武未能成功，但霍元甲还是在上海大大出名了。

张园比武，是一次中国人民族自尊心的展现。霍元甲的勇敢应战和奥皮音的不战而遁，以及霍元甲在张园的武术表演，这些事件都激发了国人的民族自豪感。

▲ 1929 年末，由海上闻人杜月笙等人为赈灾筹款发起国术大赛。图为大赛中选手的对抗与较量

▲ 1929 年杭州举行了第一次全国武术擂台赛，图为擂台上的搏击

张园这个地方，比武只是很小的一个事件，民国初年还发生过1911年剪辫大会，是一次具有象征意义的活动，伍廷芳等人的参与和演讲，以及现场剪辫的实践，反映了当时社会变革的潮流。1911年还举行过为革命军募集资金的商团大会，1912年的欢迎孙中山大会，这些活动不仅反映了张园作为社交和文化活动场所的重要性，也体现了清末民初中国社会的动荡和变革。张园成为了各种思想交流、政治动员和社会活动的重要平台，见证了许多重要的历史时刻。这里还曾点亮上海第一盏电灯、试骑上海第一辆自行车，有第一个室外照相馆

等。此外，人们可以在这里进行花园漫步、茶馆品茗、饭店用餐、书场听书、剧场观戏、照相馆拍照、展览馆参观、体育馆运动、游乐园游玩等活动。它对市民开放，各种活动应有尽有，不仅是当时最大的公共活动场所，还举办了如赛花会、赈灾义演、筹款园会、时髦展览等，这些活动让市民有了更多的娱乐和社交选择，促进了城市文化的发展和交流。同时，张园还是革命志士的重要活动地，孙中山、黄兴、宋教仁、章太炎等都曾在此发表演说，推动了革命思想的传播，对上海乃至全国的政治变革起到了一定的推动作用。此外，张园的存在和发展也见证了上海从一个传统城市向近代化城市的转变过程，在城市历史和文化中占据着重要地位，为上海城市的多元发展奠定了基础。

▲ 1939 年南京张文广、周增弟拳击对练

▲ 1930 年，上海精武体育会全体职教员会议纪念

民国以后，张园经营每况愈下，随着新世界、大世界等游乐场所次第兴起，这些地方无论地段、设施、经营手段均略胜张园一筹，张园更显衰落，1918年终于停办。十几年后，此地易为民居，建筑亦多被毁，几易其主，那都是后话了。

精武精神耀沪城
——精武体育

1909年直隶静海县（今属天津市静海区）的武术家霍元甲应邀偕弟子刘振声等人来沪与英国大力士奥皮音打擂比武未果。1910年6月，霍元甲趁热打铁，先是创办体操学校，后更名“中国精武体操会”，会址在上海闸北旱桥以西王家宅。1910年7月7日（农历六月初一），第一批入会会员共有73人。1910年9月14日，霍元甲突然去世，年仅42岁，此时距他创办“中国精武体操会”仅3个月时间。

霍元甲去世，精武体操会群龙无首，当此危难关头，一批在上海从事实业与商业的精英人才与一批以天下为己任的热血青年，挺身而出，苦撑危局，捐资献力，共商重振精武大计，他们都是霍元甲的第一批学生，又受过新式学堂的良好教育，在以后的岁月里，果断做出了易址、更名、转型的决断。1916年，将“精武体操会”更名为“上海精武体育会”，制定组织章程、统一会标，将武术与近代体育结合，提倡体、智、德三育并重，团结天下的武林武馆，熔各门各派的武艺高手于一炉，用“体育”的理念来发展中华武术，以强健中华民族的体质，振兴中华。

作为全国创建最早的民间社团，精武体育会不仅重视体育运动，还是一个先进的文化社团，除了开办体育科目外，精武体育会还设有音乐部、戏剧部、摄影部以及兵操部等。这个先进的社团凝聚着很多

▲ 上海精武体操会的创始人之一武术家霍元甲（1869—1910）

▲ 上海中国精武体操会 1910 年王家宅会所

▲ 1916 年上海精武体育会会所迁入培开尔路（现惠民路）73 号

时代精英和有识之士。“精武”二字，源自《尚书·虞书·大禹谟》，“惟精惟一，乃文乃武”，都是出自《尚书 · 大禹谟》，只不过原文不是连在一起的，而是出自该典籍的两段话：“惟精惟一”出自该书“人心惟危，道心惟微；惟精惟一，允执厥中”的句子，“乃武乃文”出自该书“帝德广运，乃圣乃神，乃武乃文”的句子。上海精武体育总会以“强国强民强身”“惟精惟一，乃文乃武”为精武精神，“惟精惟一”强调了做事情要专注、专一，精益求精，追求卓越；“乃武乃文”意思是既有武功，又有文德，后常用来形容人文武双全。

从古至今，中国体育历史悠久，但“体育”却是一个外来词。它最早见于清末，20世纪初，我国有大批留学生东渡日本留学，有很多人是学体育的，他们引进了这个词。“体育”一词来自日文，是直接借用日文中的“体育”一词。世界各民族的体育活动都有悠久的历史，但在“体育”一词出现前，世界各国对体育这一活动过程的称谓都不尽相同。18世纪前，世界各国都没有这个词，进入18世纪，德国人古茨穆茨曾把各种体育活动分类、综合，统称为“体操”。进入19世纪，一方面是德国形成了新的体操体系，并广泛传播于欧美各国；另一方面是相继出现了多种新的运动项目。在学校也逐渐开展了超出原来体操范围的更多的运动项目，建立起“体育是以身体活动为手段的教育”这一新概念。于是，在相当长的一段时间里，“体操”和“体育”两个词并存，相互混用，比较混乱，直到20世纪初才逐渐在世界范围内统一称为“体育”。1917年，青年毛泽东以“二十八画生”的笔名，在陈独秀主编的《新青年》第3卷第2期上发表了《体育之研究》一文，可以说给天下人振聋发聩的启迪。

清末民初，上海精武体育会最大的贡献，一言以蔽之，就是将传统武术与体育结合起来，使传统武术向着现代体育的方向发展，精武体育会的目标并不是“打”，而是“以提倡武术、研究体育，铸造强毅之国民为主旨”，甫一肇建，就提出各派同源的观点，只要能发扬中华武术，增强国民体质，一律兼收并蓄，先后聘请了黄河、长江、珠江流域各派武术名家到精武会公开传授武艺，形成武术新风尚。“乃武乃文，惟精惟一”“无文不能行远”，为保存国粹，阐扬武化，建会初期就设立了文事部，同时设有京戏、音乐、书画、摄影等机构，还建立精武出版社和精武书局编撰图书，涉及武术、文化、医学、艺术等各个领域，昭示世人，武术家是能文能武，有武功、有智识，而不是目不识丁的赳赳武夫。这一切都展现了海派文化形成过程中惊人的包容之力。

▲ 1916 年上海精武体育会实际掌控人陈公哲，图为陈公哲穿豹衣的留影

早在上海开埠之初，体育运动就作为一种租界生活方式为国人所领略，随着西方基督教对体育有目的、有计划的传播，及中国留学生对体育的大力推广，西方体育文化不断向中国传播和渗透。上海

▲ 1919 年，精武体育会在横浜桥福德里成立精武第一分会。5 年后，即 1924 年，精武会全体迁入福德里，这里也是今精武体育总会所在地。图为 1929 年福德里新会所画面

是近代中国体育文化的大舞台，西方各种体育运动项目如体操、球类运动、田径、水上运动等纷纷登场，上海成为西方体育文化传入和播散的重要基地之一。清末成立的上海精武体育会对武术传习方式进行了一系列变革，并对海派文化做出了贡献。这真是："精武精神耀沪城，武术传习展新程。海派文化添异彩，强身健体志豪情。"

旁观拍手笑声哗

——基层赛事

体育，首先是作为西人的休闲娱乐方式出现在国人面前，西方侨民在租界生活，他们把体育作为其生活的一部分，成立体育组织，组织运动竞赛，还建设了相当完善的运动场所，从而引入西方体育的活

动，与此同时，引入了竞赛和规则，这一切让上海人都感觉新鲜。1850年成立跑马总会，英国人在今南京东路和河南中路兴建了跑马场，此举可谓拉开了西方体育在上海传播的序幕。1860年在跑马场兴建了公共运动场。1862年跑马场被扩建成占地达500亩的“跑马厅”，它以出租的形式给西侨提供各种娱乐场所，先后开辟了抛球场、滚球场、棒球场、足球场和高尔夫球场等。为了更好地开展体育活动，西侨还先后建造了20多个体育运动场地，著名的有跑马厅游泳池、靶子场、公共游泳池、虹口公园等。

▲ 1929 年上海市第一届幼儿园运动大会，开幕式上兴致勃勃的家长们

▲ 1935 年马庆元获第六届中等学校联合运动会男子铁饼冠军

根据《上海体育志》记载：“道光二十八年（1848），上海已出现了室内保龄球和室内墙手球活动，以后陆续开展了划船、赛马、板球、健身体操、网球、足球、田径、游泳、棒球、高尔夫球、帆船等运动项目。”到清末，可以说当时欧美社会流行的大多数体育活动都已在上海西侨社会中出现。上海近代体育在竞技比赛形式、运动会规模、体育活动组织者层面以及体育社团类型等层面，都呈现出精彩纷呈的景象。

西方人引入了一种新型社交方式和社会机构组织形式——总会或俱乐部（club）。综合性的俱乐部有英国总会、德国总会、法国总会、俄国总会和花旗

▲ 1933 年沪江大学附中球类和田径队获得八项锦标

总会等，它具有排斥性和约束性的特征，但也在娱乐和休闲之余，催生了活跃而多元的社交活动，这种状况也催生了各种体育组织的出现，专业技术性很强的俱乐部，最早是清道光三十年（1850）建立的跑马总会，以后有划船总会、板球总会、运动事业基金董事会、草地滚球会、棒球总会、游泳总会、网球联合会、足球联合会、西侨青年会以及万国象棋会等组织出现。其中以跑马总会、足球联合会影响最大。

1883年黄式权在《淞南梦影录》中做了如下描述："西人于朋友聚集之处，谓之总会。沪上法总会在法大马路，英则在四马路东首。每值安息之期，怒马高车，如云而至。簪裾冠盖，座上常盈。或打弹子以消闲，或拉风琴而奏曲。或杯遥红友，别寻酒国之春；或几倚青奴，共索花间之句。以至围棋蹴鞠，跳跃高歌，任意嬉娱，毫不拘检。惟华人之寓沪上者，虽意兴飞扬，终不能问津而至云。"这些"总会"或者"俱乐部"都是排他性的小圈子，然而，就是这种小圈子，在上海，同时在中国也是属于"首次"，如1851年在第一个跑马场举行的第一次赛马，1852年举办的黄浦江划船比赛，1858年在浙江路跑马场举行的板球比赛，1892年在跑马厅游泳池进行的游泳比赛，1902年上海足球联合会举办的第一届史考托杯足球比赛，1904年举行的第一届万国竞走赛和第一届万国越野赛等。这些体育活动和比赛，最初只有侨民参加，具有自娱自乐的消遣性质，由于西方侨民最初的排华行为非常明显，其体育组织和运动场所均禁止华人参加或进入，但对上海近代体育的发展依然起着引导和示范作用。

那个时候的上海市民是以“看客”的身份和以“诧异”的目光注视着西方侨民稀奇古怪的体育活动。顾炳权编《洋场竹枝词》记述：“抛球跑马竞相夸，竹叶扁舟水面划。一掷千金拼一试，旁观拍手笑声哗”。“大跑马候鼓声催，夷女同登望马台。五色衣裳看仔细，阿谁先夺锦标来。”沪上有名的政论家王韬撰《瀛壖杂志》，以“身经目击之事”为主，详细记录了那时的风土人情：“西人以操舟为能事，虽富商文士，亦喜习之。……斗时数十舟齐驾并驱，争先竞进，乘风破浪，捷若飞凫……其有八人共驾一舟者，旗角骞霞，桨牙激雨，尤为奇变百出，视古之水嬉，过之无弗及也。”葛元煦《沪游杂

▲ 1937 年上海金科中学拳击队和他们的教练

记》也记载：“跑人在跑马场中，其起步处界以白灰，肥者前，瘠者后。一人执铁铳为号，砰然一声，双足齐举，飞行绝迹，诚足快人心目西”。这种示范引导当然可以产生润物无声、潜移默化的效果，旁观拍手的人，总有跃跃欲试的动机，中国人对体育的兴趣也就逐渐激发开来了。

▲ 1947 年 9 月上海第二届工人运动会上，粤帮酒菜业选手方琏获铅球、铁饼、标枪三项冠军

蹴鞠场边万人看

——运动赛事

从开埠到民国建立，这几十年生活在上海的西方侨民，几乎将各种体育运动都一一亮相了，什么室内保龄球、跑马、划船、板球、足球、马球、赛跑等多项体育活动，后来还有什么高尔夫球、网球、曲棍球、体操和游泳等，如果加上基督教青年会传入的篮球、排球等运动，可以说当时欧美社会流行的大多数体育活动都已在上海悉数展示了。老是充当看客，也不是一个事，“西人做得，为啥我们做不得？”上海近代体育迈出了悄然兴起与发展的步子 。

当然还是得益于基督教青年会的推动。比如1902年促成南洋公学和圣约翰书院首次校际运动会，1904年倡导首次学校联合运动会。1906年，上海基督教青年会的总会和分会都有开展文娱体育和教育活动的场所和设施，并分别在1906年6月和10月相继举办了运动大会，通过比赛以提高青年人参加体育运动的兴趣，使比赛以及竞争的概念逐渐在青年人中建立起来。这里诞生了上海最早的篮球队和排球队。1910年青年会还指导开展“全国学校区分队第一次体育同盟会”，这是一次全新形式的运动会。后被确定为近代中国第一届全国运动大会。从此，全国运动会成为一种竞赛定制，近代中国先后举行了7届全国运动会。

学校体育从1903年癸卯学制颁布时开始确立，1919年至1922年，当时的国民政府两度发表《改革学校体育案》和《学校系统改革命令》，原称的“体操”改为“体育”，体育专业教育不断推进，形式多样的体育活动给上海市民带来了全新的生活观念和生活方式，随着各种运动会的举办、体育场馆的纷纷建立，激发了时人参加体育运动的兴趣，比赛和竞争的观念逐渐在上海市民中确立起来。

20世纪二三十年代，上海体育进入勃兴时期。远东运动会，原名为“远东奥林匹克运动会”，是1911年由菲律宾、中国、日本发起和参加的一个区域性国际比赛，是世界上最早的洲际国际竞赛之一。近代10届远东运动会在中国举办了三届，分别是第二、第五和第八届，且全都由上海承办。上海选手在历届远东运动会上先后20人次获得金牌，44人次获得银牌，6人次获得铜牌，一雪“东亚病夫”形象。近代中国举办的7届全国运动会，上海承办了两届。在第1、4、5、6届全运会上，上海的比赛成绩均居全国之首。

华人体育社团的兴起、体育专业教育的推进、体育人才的集聚、

▲ 中国男子篮球队获得 1921 年远东运动会冠军，前排右一是主力后卫，系后来的抗日名将孙立人将军

▲ 1928 年东华足球队获上海中西足球联合会冠军

体育经济的发展等，也是上海近代体育勃兴的标志。就像宋代大诗人陆游《晚春感事》诗所咏：“少年骑马入咸阳，鹘似身轻蝶似狂。蹴鞠场边万人看，秋千旗下一春忙。”足球场边万人看，恰是当时上海篮排足球比赛的热闹情景。上海中华足球、篮球、网球、棒球、排球联合会等5个单项体育组织和上海中华运动裁判会等当时都具有全国影响。近代中国共有体育专门学校30余所，上海就有18所，占据半壁江山。近代上海大型体育场馆达30多个，出版的体育报刊40多种、体育书籍600余种。近代上海培养了一批著名体育活动家；引进了一批海内外体育精英；会聚了一批武林与体育高手。与此同时，体育用品的生产销售，体育场馆的建造经营，体育书刊的出版发行，使上海出现了体育产业的现代雏形。

上海作为对外开放的港口城市，吸引了大量的外国侨民和移民，

▲ 1933 年，第五届全国运动会会场的选手林宝华（左）、林佩渝（右）合影

促进了东西方文化的交流，包括体育项目的传入和发展。繁荣的工商业为体育发展提供了必要的经济基础，使得体育设施建设和体育活动的举办成为可能。新式教育的开展为体育的普及和传播提供了平台，学校体育教育的发展培养了大量体育人才，推动了体育文化的形成。上海成为各路竞技体育人才的会聚地，举办了许多高水平的体育比赛，提高了中国体育的竞技水平。新式体育教育的率先开展，使近代体育得到普及和传播。全国文化中心的形成，开放的新闻媒介，使上海成为西方近代体育传入中国的主要扩散地，继而辐射全国，还促进了国际交流，通过举办国际比赛和参与国际体育组织，中国体育开始走向世

▲ 1935 年落成的“上海市运动场”，即江湾体育场

▲ 1935 年民国第六届全运会开幕式现场

界，不仅推动了中国体育的进步，也反映了上海这座城市在近代中国社会变革和发展中的重要作用。

道傍舞剑飞春雪

——亮相奥运

中国人与现代奥运的结缘，也是历经波折。早在1896年第一届现代奥运会召开前夕，法国人顾拜旦就曾致信清廷光绪皇帝，邀请中国参加在雅典举行的奥运会，然而由于慈禧太后从中作梗，中国未能参赛。1924年国际奥委会承认中华全国体育协进会为中国奥林匹克委员会。1932年中国终于派出运动员参加奥运会，田径运动员刘长春在张学良的资助下，在太平洋的海浪上颠簸了21天才来到奥运赛场，但是因为旅途中耗费了太多精力，刘长春在赛场上的表现不尽如人意。

1936年第11届奥运会在德国柏林举行，当时的纳粹德国需要通过奥运会来营造一种和平的氛围，以掩盖他们的战争意图，再加上当时中国和德国的合作比较顺利，于是德国邀请中国派出代表团参加奥运会。当时的国民政府主政者，在海内外华人的舆论压力下，出于自身利益需求，也决定参加这次奥运会，前往柏林的中国体育代表团总计141人，其中运动员69人。他们参加了田径、游泳、举重、拳击、自行车、篮球、足球等项目的比赛，除此之外还有一个武术代表团参加在德国汉堡的世界体育表演。

中国人出席奥运会，庞大的代表团所需经费，按照中华体育协进会参加第11届世界运动会经费概算书，共需22万元，但南京国民政府只答应拨款17万元，还有5万元的缺口，只得由体育协进会自筹。好不容易募得3万元，另外2万元的缺口，最终又由中国男子足球队筹集。那时的中国男足是亚洲霸主，他们先期出国，于1936年5月20日从上海出发，经香港先后征战越南、印度尼西亚、马来西亚、新加坡和印度巡回举行集资比赛，一共踢了27场比赛，取得了23胜4平未有一败的骄人战绩。“中国铁军”名声远扬，获得4万元捐助，其中2万元捐给了体育协进会，经费的问题终于得到解决。

1936年6月26日，中国体育代表团在上海启程前往柏林，乘坐意大利游轮“康脱浮台”号前往柏林，为了节约经费，乘船时大家选择

▲ 1936 年中国代表团抵柏林车站下车后在月台上整队情形，穿白色制服者为大会名誉服务员

▲ 1936 年 8 月 1 日，第 11 届奥林匹克运动会在德国柏林举行。进驻奥运村时，“亚洲球王”、足球队队长李惠堂为旗手

▲ 1936 年代表团整队出车站由李惠堂执旗前导

▲ 1936 年出席德国柏林奥运会的中国国术队运动员合影

最低等的舱位，住宿则找最便宜的旅馆和房间。经过一个多月的颠簸劳累，7月23日终于抵达柏林，受到了中国驻德使馆人员、侨胞、留德学生400多人的热烈欢迎。1936年8月1日，柏林奥运会举行开幕式，总共有53个国家参加了这次奥运会，依照德文字母顺序依次入场，中国代表团排在第13位入场。奥运会比赛正式开始后，中国代表团未能赢得一枚奖牌。未得奖牌，是参加本届奥运会的一大遗憾，但这种艰苦卓绝的参赛精神，也是首战奥运的一份重要精神遗产。

倒是中国国术队在这届奥运会上的表演，博得好评如潮。当上海精武体育会会员郑怀贤手持钢叉从容登台，向观众拱拳致意后，挥动

▲ 1936 年出席德国柏林奥运会的三位精武体育会武术运动员

钢叉，凌厉如闪电，飞舞如蛟龙。德国人眼花缭乱，纷纷起立鼓掌，连在场观看的希特勒也情不自禁连声赞叹，指示现场的摄影尽快把表演镜头认真整理，供研究之用。西人急切询问：“这究竟是什么体育运动？”郑怀贤大声说：“这就是中国人强身御敌的‘功夫’！”于是，神秘的“chinese kongfu（中国功夫）”风暴席卷德国奥运会。队员们展示了各种武术技巧，如拳术、器械表演等，令外国观众大开眼界。这次表演为中国武术在国际上赢得了声誉，也让更多人对中国文化产生了兴趣。

奥运会执行主席特命为表演队摄制纪录片，并授予中国国术队一枚荣誉奖章。第11届奥运会上，中国国术队9名武术运动员的表演，仿佛带着千年的传承与沉淀。他们身着传统的武术服饰，精神抖擞，目光中透着坚定与自信。音乐声起，他们的身影瞬间动了起来。一招一式，刚柔并济，如行云流水般自然流畅。拳术表演中，每一次出拳都带着凌厉的风声，仿佛能打破虚空，那力量感让人震撼不已。身影腾挪闪转，快如疾风，展示出中国武术的灵动与敏捷，是中国在那届奥运会上展现给世界的亮点。“马上吹笛起寒风，道傍舞剑飞春雪”。（唐代诗人储光羲《贻从军行》诗句），在疾风凛冽的马上吹响笛音，路旁舞剑激起飞雪如春日梨花。表达了不论什么环境下，仍不失英勇豪情和对生活的浪漫情怀。

第六章

五光十色的街头演艺

说起20世纪30年代的上海，有人把它说成是“美轮美奂的世界”，什么一杯下午茶，一件旗袍，一部留声机，都显示出他们对生活的热爱与享受。什么“小资情调”的优雅和精致……这些东西有没有呢？应该是有的，主要是指开埠后逐渐形成的城市小资产阶级及其高级职员阶层，展现出他们的生活方式及其情调。但那不是上海的全部，也不可能是全部。那时候的阶层固化，贫富差距悬殊，极少数的人是获利者阶层的后代，他们可以过那种“优雅、有腔调的生活”，而大多数上海人的生活还是很艰辛的，他们不可能出入精致的剧场戏院和矫情的咖啡馆会所之类。上海街头呈现的景观也真是五光十色的，这些街头演艺活动是大多数劳苦大众的一种娱乐方式，可以让我们从中感受到当时人们生活的乐趣和色彩。

民国时期的上海，存在着严重的社会阶层分化，少数上层阶级能够享受优雅精致的生活，但这只是一小部分表象。对于广大的劳动者而言，他们面临着高强度的劳动、恶劣的工作环境、微薄的收入以及匮乏的社会保障。他们为了生计奔波，生活充满了艰辛与困苦。以往的文化研究常常聚焦于那些光鲜亮丽的部分，而忽视了底层劳动人民的真实生活状况。这种研究的偏差导致了对那个时代的片面理解。

那个时代的街头演艺活动，比较常见的有街头杂耍和江湖卖艺，例如顶缸、翻跟头、柔术等，展现艺人的身体技巧和平衡能力，驱使驯养后的动物从事各种马戏表演，如猴子骑车、狗熊跳舞等，具有较强的观赏性和娱乐性。杂技表演有高难度的动作，如空中飞人、走钢丝等；魔术则通过巧妙的手法和道具变化让观众感受到神奇。艺人们通常在街头巷尾、集市庙会等热闹场所，通过生动的讲述和表演，吸引观众围观。在街头表演时，主要的收入来源是依靠围观者打赏，艺人收入不稳定，也很微薄，生活大多较为艰辛。

上海街头演艺活动的发展历程，从开埠之后的萌芽期、发展期再到20世纪30年代前后的繁荣期，40年代末走向没落与衰败，大致是一个逐渐演变的过程。

▲ 清末上海街头的父子卖艺者在表演绝活

多少游人不忆家
——街头杂耍

“街头杂耍”是一个笼统的说法，泛指在街头卖艺的江湖艺人。这些民间艺人，抑或称为“流浪艺人”“跑江湖的”，因为他们每到一地，在通衢闹市的空地上先得用白粉灰画个圈，写上几个字以吸引路人关注，招揽观众，然后才开始正式表演。北京人称为“撂地的”，很形象，但他们又不完全是摔跤的武师，他们不仅表演杂耍，嘴皮子也很溜，恭请围观的老少爷们能捧个场。他们是民国时期一伙更为复杂的群体——将演杂技、操绝活与变魔术、卖膏药结合在一起。他们是一群在街头和公共场所表演的流浪艺人，也是浪迹天涯的“居无定所者”。清末民初诗人易顺鼎在《天桥曲》中写下“酒旗戏鼓天桥市，多少游人不忆家”，“戏鼓”可能暗示了包括杂耍在内的各种表演形式。这句诗说的是北京的天桥杂耍，其实对于当时上海街头的流浪艺人也是完全适用的。

▲ 清末街头表演“金鸡独立”的儿童

杂耍，源自古代的角抵戏，最初是一种力量与技巧的展示和较量，而后逐渐演变发展，融合了更多元素，形成了丰富多样的杂耍形式。秦统一中国后，吸收各地角抵的优点，形成了一种娱乐性的杂技节目——角抵戏。亦作“杂伎”，指柔术、车技、口技、顶碗、走钢丝、变戏法、舞狮子等技艺，老百姓俗称“耍把戏”。清末、民国时对这一行并无“杂技”的称谓，据说“杂技”这一名称，还是中华人

▲ 1921 年上海街头的江湖卖艺和街头杂耍

▲ 街头是形形色色江湖卖艺者的空间，图为杂耍吞剑者，吸引着众人围观

民共和国成立后才正式命名的。

清代民国杂耍艺人漂泊江湖，生活凄苦，与讨饭花子并无多大区别。他们在艰难的环境中，流浪江湖，混口饭吃，对祖宗传下来的艺术有一种不屈的坚守。民俗史上对于民间有关行当与职业有“五花八门”之说。最初确实来源于古代的兵法。其中，“五花”指的是五行阵，即金、木、水、火、土五花；“八门”指的是八门阵，也叫八卦阵，按照八卦的次第列为阵势。后来，“五花八门”被用来具体指几种特定的行业。

“五花”为金、木、水、火、土五花，分别是“金菊花”代指卖茶的女人；“木棉花”比喻上街为人治病的郎中，也指卖草药的人，木棉花是清热利湿，解毒，治痢疾，痔疮出血的草药，因而得名；“水仙花”比喻酒楼中清纯的歌女；“火棘花”指街头玩杂耍的艺人；“土牛花”指在城市与码头谋生的脚夫（挑夫）。

“八门”是市场摆地摊、做小生意的人，分别是金、皮、彩、挂、评、团、调、柳八门，指在市场摆地摊，靠巧舌如簧来挣钱吃饭的生意人，分别是：一门“金（一说巾）”，“金点”

▲ 民国时期的街头杂耍和艺人，表演的道具五花八门

是江湖艺人管相面算卦的总称，包含哑金、啃子金、戗金、袋子金、老周儿等。二门“皮”，原指一边跳大神，一边敲皮鼓的巫医，后将江湖郎中一起统称“皮行”，是卖药的总称，也叫“挑汉儿的”。按所卖药的不同，有挑招汉（卖眼药的）、挑顿子汉（卖咳嗽药的）、挑炉啃（卖膏药的）、挑罕子（卖药糖的）、挑柴吊汉（卖牙痛药的）、挑将汉（卖大力丸的）、挑粒粒（卖仁丹的）、挑熏子汉（卖闻药、避瘟散的）等之分。三门“彩”，“彩”是彩立子，凡是变戏法的都称为“彩立子”，变洋戏法的叫“色唐立子”。四门“挂”，在市场、庙会打把式卖艺的，被江湖人称为“挂子行”，可分为支（管护院的）、拉（管保镖的）、戳（管教场子）、点（管拉场子撂地卖艺的）、尖（下过多年真功夫得着高人传授的把式）、腥（只能蒙外行的把式）等。五门“评”，即坐棚说书的人，北方人指说评书的，也叫“使短家伙的”。六门“团”，为相声行隐语“团春”，江湖人管说相声的调侃儿叫“团春”的。七门“调”，调为吊的谐音，即指为丧事服务的纸扎行，也指在草棚内卖戒鸦片烟药的。八门“柳”，唱大鼓的，江湖人管唱大鼓这行调侃儿叫“柳海轰”的，有奉天调、乐亭调、西河调、梅花调、梨花调等。柳门折柳，演离别之情，指演人戏、皮影戏、木偶戏艺人。

在古代，这些职业多属于士农工商等主流职业之外的市井底层职业，从业者往往被社会所轻视，因此“五花八门”带有一定的贬义。清代杂技除“撂地摊”，在城镇乡村中流浪卖艺外，一些技艺高超的艺人，也被邀请做富室贵家的堂会演出和逢年过节时行香走会的表演。清末上海出版的《点石斋画报》刊出的很多画作就反映了这些杂技的演出情况。

卖艺生涯岁月艰

——江湖卖艺

1902年，上海跑马厅内，骏马奔腾、蹄声如雷，赛事正酣。而跑马厅外，同样热闹非凡，一群人正围得里三层外三层，不时发出阵阵惊呼与喝彩。原来，是几名江湖杂耍艺人正在表演蹬缸绝技。巨大的水缸在艺人的巧力下，在他们的双脚间上下翻飞、旋转自如，引得围观者目不转睛。这堪称是“蹭流量”的早期范例，借助跑马厅的高人气，江湖艺人们在此拉开场子表演，一场下来，也能收获一笔还算

▲ 1902 年 11 月，上海街头蹬缸的杂耍艺人

不错的收入。当时，一位名叫查尔斯·埃沃特·达文特的英国人，用相机定格了这一精彩瞬间。

清末至民国时期的上海街头，活跃着这样一群特殊的人——街头艺人。他们四处漂泊、居无定所，风餐露宿成为生活常态。为了生存，他们选择走上街头进行杂耍表演，胸口碎石、吃碎瓷片、吞剑等各类令人瞠目结舌的绝活纷纷上演。这些表演往往超越人体极限，充满挑战性与刺激性，不少甚至带有自虐性质。就拿“吞剑”来说，表演者需将长剑缓缓插入口中，剑尖一路经过食道直至胃部。表演过程中，他们要极力忍受强烈的反胃感，稍有偏差，剑便会划破食道和口腔，其中的痛苦常人难以想象。这些艺人大多没有其他安身立命的本领，只能凭借这些危险又独特的表演，吸引观众目光，换取微薄的赏

▲ 清末民俗打把式卖艺的艺人，脚蹬大缸的杂耍表演

▲ 晚清这位年轻艺人的“射星”表演，能使两个球反向旋转，一直到木球的转速能拉直绳子为止

▲ 民国杂耍杂技儿童表演团的功夫表演

钱，只为能勉强糊口。

这些江湖绝活的传承，主要依靠师徒相授或家族传承。明清时期，杂耍技艺基本成型，艺人们对各种技巧性表演已驾轻就熟，在传承传统的同时还不断创新。诸如“扒竿（爬竿）”“斤斗（翻筋斗）”“置地圈上（钻地圈）”“叠案马（桌上筋斗）”“解数（马术）”“弹之解（打弹弓）”等节目，大多在明代就已出现在大众视野中。从清乾隆年间起，各地庙会中的杂耍杂技表演日益繁多，其中多数是武术类和体育性节目，像飞叉、飞刀、杠子、石担、石锁等。这些表演惊险刺激，常常让观众看得心跳加速、冷汗直冒。就拿飞刀绝技来说，表演者能做到百发百中，看似简单的技巧，实则暗藏致命危险。民间艺人们为了生存，不得不下苦功夫苦练这些技艺，将其当作赖以生存的手段。

在那个文化娱乐相对匮乏的年代，这类惊险刺激的表演正好满足了部分观众的猎奇心理，引得他们纷纷驻足观看，并慷慨解囊给予打赏。然而，对于这些艺人而言，表演这些绝活并非出于兴趣爱好，更多的是被生计所迫的无奈之举。时人有竹枝词描写这种江湖卖艺人的生活：“卖艺生涯岁月艰，风餐露宿巷街间。抛球弄棒身形巧，只为三餐不得闲。”他们四处奔波，在街巷间表演抛球、弄棒等技艺，仅仅是为了维持基本生活。他们冒着生命危险进行表演，这背后反映的是当时底层人民生活的艰难困苦。用现代的价值观念来看，这些表演存在极大的危险性，也有悖人道精神。

江湖，向来是个鱼龙混杂的地方，其中既有辛苦从艺、凭本事吃饭的人，也不乏坑蒙拐骗的骗子。有些江湖骗子惯用“假装邪术”“诡秘法”“包取功名”等手段，凭借一张巧嘴，大肆吹嘘自己拥有神奇超能力，号称掌握“三十六大变” 和“七十二小变”，能让皮带变蛇、鞋子变兔、树叶变鱼。而他们最拿手、最受欢迎的“法术”，当属用纸币或硬币“生钱”。每当这类人出现在街头，总会迅速吸引一群人围观。虽说大家未必真的相信他们的把戏，但图个新鲜好玩，也会驻足观看。

当时，上海还迎来了不少外国江湖艺人，他们来此展示自己的“独门绝技”，上海人戏称他们为“洋江湖”。1909 年，在上海虹口阿波罗影戏院，那个大放厥词、辱骂中国人是“东亚病夫”的英国大力士奥皮音，本质上也是个跑江湖卖艺的。上海滩还曾来过一对洋兄妹——阿卡里斯兄妹，同样是卖艺为生。他们表演的飞刀绝技令人称奇，每次表演，哥哥飞刀出手，妹妹总能毫发无损。飞刀表演本就极其危险，稍有失误，妹妹就可能性命不保。他们的表演照片登上报纸后，名气大增，阿卡里斯手中的飞刀也一度被传得神乎其神。然而，后来有人揭露，那些照片都是摆拍的，飞刀是事后插上去的。

当然，不能以偏概全地认为所有跑江湖的都是骗子，其中有不少艺人是真有本事的。他们凭借自身扎实的技艺和不懈的努力，在艰难的环境中顽强求生。

▲ 民国上海街头，两名杂耍艺人身手不凡，能够表演各种绝技，当围观者越来越多，两人表演起了猴拳

▲ 清末街头的动物表演。图为一只黑熊正在卖力地表演节目，讨好着围观的人群

何如买取胡孙弄

——驯兽驯禽

清末民国的上海街头，还有驯兽驯禽的把式，也是迷得不少观众神魂颠倒，纷纷前往围观觅趣。马戏表演是杂耍中尤其引人入胜的一类。中国马戏历史悠久，西汉桓宽的《盐铁论》中就有“马戏斗虎”的记载。《汉书》上说马戏原为“戏马之术”，指驯马和马上技艺，如立马、跪揖、舞马衔杯、骗马、竖蜻蜓、镫里藏身等。中国古代的虫蚁千种万样，小到蚂蚁，大到虎豹，许多看上去简直很难驯服的动物，却完全可以调教得悉如人意。如明代田艺蘅《留青日札》所言：“鸟有蜡嘴画眉之戏，兽有猢狲狗马之戏，虫有蝼蚁、虾蟆、乌龟之戏，唐代还有合乎节奏的刺猬对打之戏，从筒里爬出分为两队、变阵合战的蝇虎之戏……综而观之，古代中国的‘弄虫蚁’。”

原来古代中国将驯兽驯禽的行当叫“弄虫蚁”，《周礼·夏官》上就有“服不氏”等职，专“掌养鸟而阜蕃教扰之”“掌养猛兽而教扰之”。郑玄对“教扰”是这样解释的：扰，驯也，教习使之驯服。这十分清楚地表述出“弄虫蚁”们的活儿，自周代始，首先在王公显贵阶层的享乐中发展起来。春秋时期的卫懿公养驯的仙鹤，甚至可以进退有节，听音乐而舞蹈。秦汉宫廷流行“黄公故事”，“黄公”是

▲ 清末耍猴、驯狗和绵羊等表演，猴子翻筋斗、小狗拉车等深受孩子们喜欢

▲ 20 世纪二三十年代，男人与表演羊、猴子和狗

▲ 民国时期街头杂耍艺人在街头驯熊表演的老照片

一位以上演驯服老虎的惊险节目而闻名的艺人。《西京杂记》叙说鲁恭王“好斗鸡、鸭及鹅雁，养孔雀，俸谷一年费二千石”。这都从侧面证明了自秦汉以来，“弄虫蚁”行当已有相当的规模。

“咣咣咣……”一面小锣，一只瘦猴，一个同样瘦的耍猴人，就成了一个简易的表演组合。猴儿在主人的指令下忙不迭地磕头、作揖、钻圈、扮鬼脸，周围围着的一圈看客抻着脖子乐呵呵地瞧着……这是街头常见的耍猴场景，也算是街头传统杂耍中的经典。还有驯鼠表演，百戏伎艺中的调教老鼠，清代宫廷中，为欢迎西方人而举行的宴会上，就曾用经过训练的老鼠表演：两只用细链条拴在一起的老鼠，按主人的命令把链子缠结起来，然后解开。老鼠所能表演的远不止这些。清代在苏州玄妙观，有一个山东人表演的“鼠戏”：将一高约两米，形如伞盖的木架安放在地上，架内有一似戏场之地，十余只鼠盘踞，还挂着圆圈及各式刀枪耍物。锣一响，这些老鼠便上演各剧，有《李三娘挑水》《孙悟空大闹天宫》等。它们还能用爪抓住竹刀木枪，旋转而舞。

将老鼠调教得能够上演简单的戏剧桥段，这是为了勾起人们的欣赏兴趣，但也确实不易。如同元代陶宗仪《南村辍耕录》中记有一只大青蛙教8只小青蛙学念书一样。清代袁枚在《子不语》中又记述了一要饭花子所调教的“蛤蟆戏”：场上设一小木椅，大蛤蟆从乞丐身上所佩的布袋中跃出，坐在小木椅上，接着8只小蛤蟆从口袋中跃出落地，环对着大蛤蟆，寂然无声。乞丐喝道：“教书！”大蛤蟆便“阁阁”叫，8只小蛤蟆都跟着大蛤蟆“阁阁”叫，大蛤蟆叫几声，

▲ 20 世纪 30 年代外国马戏团来沪表演驯马

小蛤蟆就叫几声，如同先生教学生。乞丐突然说“止！”这“虾蟆教书”当即绝声……街头的驯兽驯禽表演，大抵都是成本低廉、操作简便的中小型动物，如前面所述的耍猴，又如麻雀衔旗、灵禽演剧等。街头驯兽驯禽表演中还有一种“教飞禽”的，在江南特别盛行，民国初年徐珂《清稗类钞》中曾描述6只蜡嘴鸟的表演：其中4只各衔小面具戴上，飞上小戏台，扮演生、旦、净、丑；另一只鸟，随着观者喊出的《百家姓》上的姓氏，便能立刻从纸牌堆里衔出这个字来；第6只鸟，居然可以和3个观众一起玩“斗天九”的纸牌游戏。

此外，历史上尚有斗蜘蛛、蛤蟆说法、乌龟叠塔等“异类”马戏，每在街头出现，让人耳目一新，趣味横生。在烟柳繁华的江南地带，类似的动物杂耍有着广泛的生存空间。唐代罗隐写过《感弄猴人赐朱绂》：“十二三年就试期，五湖烟月奈相违。何如买取胡孙弄，一笑君王便著绯。”诗人十多年来屡试不中，几乎和人间一切美景隔绝。而当他看到一个耍猴的艺人却能够得到皇帝的重用，被赐五品官服的时候，心中十分愤懑，觉得这个时代实在是荒唐。其实，驯兽驯禽，在某种程度上打破了人与动物之间的隔阂，真不知是把动物变得人性化，还是把人变得动物化？

经卷高宣法器响

——说唱经卷

“小热昏”是上海滩上植根于民间的一种马路说唱艺术，源于清末民初。当时杜宝林等民间艺人采用隐晦曲折的手法，以“说朝报”的形式，即说唱时事新闻和笑话故事，讽喻当时的社会黑暗，初名“醒世笑谈”，后称“小热昏”，盛行于20世纪二三十年代，形成一种独具上海地方特色的说唱艺术。还有一种叫“琴书说唱”的营生，琴书是一种民间艺术，因演唱时以扬琴为主要伴奏乐器而得名。琴书有一人立唱，两人或多人坐唱或走唱，也有分角色拆唱等形式。民国时期有街头艺人表演的琴书，采用了角色拆唱的形式，搭配精心设计的歌词以及扣人心弦的伴乐，别有一番风味。这些说唱形式通常用地道的上海方言演唱，具有独特的韵味。说唱内容可能包括社会新闻、笑话故事、民间传说等，通过幽默、诙谐的方式表达出来，深受大众喜爱。

▲ 清末《图画日报》关于上海曲院之唱宣卷的图画：红烛影回仙态近

江南人们常借庙会、香市、迎神赛会这些时机，男女老少皆各出动，簇拥而至，人声锣声鼓声管弦声混成一片，笙簧喧哗，吃的玩的应有尽有。各种戏法、杂技纷纷登场，远近士女走集，日间迎会，夜间迎灯，举乡若狂。水乡还有独具特色的网船会，船以万计，人以十万计，到处旗幡蔽日，彩练飞舞，会船相连搭台演戏，热闹非凡，轰动远近数百里。

▲ 传统节日中元节上人们表达对逝去的亲朋好友的怀念之情，常常会邀请唱班唱宣卷

▲ 1908 年清代实寄明信片的画面是中国音乐演奏乐队与乐师

此外，江南许多地方都有的“宣卷”与“莲花落”，也具有说唱的性质。“宣卷先生老面皮，经卷高宣法器响。当当齐当齐当齐，宣卷宣到结缘好。妇女同声并喊妙，卷中夹杂唱滩簧，其名叫啥大四套”。这首竹枝词描绘了宣卷先生的形象以及他们宣卷时的场景，包括法器的声音、妇女们的反应，还提到了卷中夹杂着滩簧的演唱。

“莲花落”，别号“落离莲”或“摇钱树”，最早的源头在唐、五代时的“散花乐”，初为僧侣募化时所唱的宣传佛教教义的警世歌曲。宋代，民间艺丐把它借去，在乞讨时唱一些因果报应的内容。明清形成规模，逐渐兴盛。江南之莲花落，以绍兴最为著称。1906年，绍兴来了个张先生，不知来历如何，只知绰号为“长手指甲”，收徒卖唱，莲花落遂于此地开花。后流传至余姚、慈溪、萧山、杭州一带。其时，唱词信口编，唱调亦不固定，艺人仅仅跑街卖唱而已，稍后，则落户茶坊酒楼。20世纪20年代中期，莲花落朝着热闹的方向做了一次大改造，它一改原来徒歌清唱、人声帮接的形式，开始以四胡伴奏唱说，慢慢地，演唱时有穿插绍剧、越剧和民歌小调等，而

▲ 1928 年上海宏大善书局石印本《全图韩湘宝卷》书影

且尝试男女双档演出，甚至说唱之外，还增加了表演，终于以粗俗鄙陋之身登上大雅之堂，进入剧场演出了。这两种艺术形式都具有浓郁的地方特色和文化内涵，是江南民间文化的重要组成部分。它们不仅为民众提供了娱乐，也在一定程度上传达了为社会能够接受的道德观念和价值取向。

民国时期的俗文学大家郑振铎先生在《中国俗文学史》中说：“俗文学就是通俗的文学，就是民间文学，也就是大众文学。”“俗”文学常常向“雅”文学提供养料，而一旦“雅”文学形成，它

▲ 1938 年一个乐队在进行排练，可谓国乐琴瑟齐上阵

又可能给“俗”文学提供创作的范例。几乎所有的古典名著，都有“曲本子弟书”的阐释之作，如红拂私奔、贵妃醉酒、舌战群儒、坐楼杀惜、红娘寄柬、海棠结社，这些故事均被衍化成为可供演唱和欣赏的优美韵文。伍子胥、白居易、赵匡胤、崔莺莺、孙悟空这些人物形象，均由“子弟书”作者以自己的审美趣味，以通俗化的笔法，加以重新调整，再次塑造。所以千万不要忽视民俗中的说唱形式，正是它的广泛存在，才使人们看到古今社会生活的多姿多彩。

卖药萧然大道旁

——拳师卖药

练家子，是一句北方话，上海话叫“卖拳头的”，通常指习武之人，是对有武术功底、精通武艺的人的一种称呼。清末民国时期，一些拳师走上街头卖艺，以展示武术功夫来吸引观众围观，然后兜售药

▲ 民国时期街头卖狗皮膏药的杂耍艺人

▲ 晚清江南地区江湖艺人流浪卖艺，他们在人多热闹的地方表演杂技和杂耍，以获取微薄的收入来糊口

品，这种现象在当时较为普遍，反映了当时社会的一些特点。一方面，那个时期社会动荡不安，百姓生活艰难，许多拳师难以凭借单纯的武术技艺谋得稳定生活来源，只能通过街头卖艺并兜售药品来维持生计；另一方面，当时医疗条件相对落后，民众对药品有一定需求，而拳师们兜售的药品往往打着“祖传秘方”“强身健体”等旗号，容易吸引人们的关注。“练家卖药”“拳师卖药”，这种形式能够聚集人群，对于一般的跌打损伤什么的，他们的药品也较有可信度，但这些药品的质量，特别是是否真有疗效，也只有天晓得了，它也从侧面反映了当时社会的混乱和民众生活的不易。

街头的拳师卖药，民众俗称“卖拳头的”，本质上不是武功展示，而是一种街头销售行为。整个活动具有某种套路的仪式和流程，通常情况是，武师带三两门徒，挑一热闹的市口，一般是人流量大的空旷地带，摆开武术器械和药膏家当，为了将路人吸引过来围观，“卖拳头的”也确实会表演一番武功，展示一点绝活，玩一点真功夫的杂耍，以此吸引并征服围观者，继而就开始出售药物。围观者只要坚持看到最后，十有三四会掏钱买药，买者尤以下层平民居多。清代诗人屈大均《赠盛南樵卖药·其二》中写道：“年来高士半韩康，卖药萧然大道旁。我昔先人遗素问，殷勤赠尔及丹方。”这首诗虽然是赠给卖药者的，但也描述了那时拳师卖药的真实情景。

拳师卖药，一是要求口才好，能说会道，口若悬河，吸引客人前来买药，这叫“摆文档”；二是依靠自己的武功和其他办法，吸引观众，这叫“摆武档”。不论文档还是武档，老百姓统称“卖拳头的”。比如他会自我介绍，声明来此地绝不是为了卖药，而是卖艺，当关注的人越来越多，围成圈后，拳师还会用棍子顺着人墙的脚边画个圈，并告诫围观的人不准越过这个圈。确实也表演一会儿武功，甚至还会变点魔术，演出一点口技什么的，全凭一张嘴，动口不动手，运用口腔发声，模仿虫鸣、鸟叫、走兽乃至风吹草动、飞沙走石、惊涛骇浪等大自然的声音，甚至能模仿不同人物以及人类活动的声音，如婴儿啼哭、失火救险、军队出操等，演员表演时“以青绫围，隐身其中”，俗称“暗春”，又叫“隔壁戏”。或有一两个同伴在听众前配合动作，以加强真实感，帮助听众理解。

到了围观群众渐入佳境时，卖药的拳师随即像自残一样，在自己手臂上划个口子，鲜血直流。拳师随即要观众们不要吃惊，他取出药

▲ 1934 年上海街头表演武术——大刀与长枪

▲ 20 世纪 30 年代南京的马路上，一位武师卖药前的表演

▲ 1937 年上海一个赤膊上阵的男子卖狗皮膏药，人们纷纷驻足

粉涂在伤口处，让观众们见证他的药丸的神奇功效，赢得了一番喝彩和赞美声。接下来的卖药过程也就顺理成章和水到渠成了。关键时刻还会摆一点噱头，卖一点关子，说还有效果更佳的救命药丸，在拳师一番努力的推介和煽情鼓动之下，掏钱的人也不在少数。就这样，整个卖药的过程也就结束了。

可见，街头拳师“卖拳头”是融汇了功夫表演、才艺展示与商品销售于一体的，是不是可以算那个年代的“直播带货”？中国功夫与中医的结合，历来有之，清末民初许多武术家的成长，小时候几乎都有跟随师兄一辈走南闯北、沿街卖艺卖药的经历。旧时街头练把式卖拳头的，有真功夫，也有花拳绣腿，一些所谓硬气功表演，诸如劈砖、刀砍不入、银枪刺喉等，也是真真假假虚实难辨。这些浪迹江湖的拳师，往往是热闹过了也就散了、忘了。比起那些“打一枪换一个地方”的流浪艺人，拳师们也是讲究“武德”的，真真假假，虚虚实实，这才是生活的本来面目。

街头拳师所表演的那些“开碑裂石”和“红缨枪顶喉”等武功，那是实中有虚、虚中有实，是套路与武功的融合与统一。假如没有相当的武功功底，是玩不出这类把式的。这些表演既丰富了民众的精神生活，又填补了百姓缺医少药的物质欠缺。这是当时生活的真实需要，至于民众买回去的药膏，是真是假，是否起到治病救人之效？那只有使用者才有权下结论。

▲ 20 世纪 20 年代上海街头变戏法、玩把戏的艺人正在表演，引发街头围观

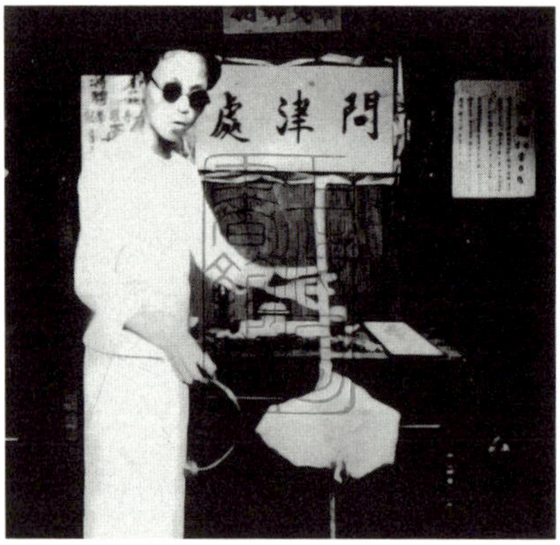

▲ 20 世纪 30 年代街头变魔术的摊位，摊主一般要戴上墨镜，运用一些道具来吸引人

幻术曾闻殷七传

——戏法奇幻

亦真亦幻，宜变宜化。中国人说的戏法是杂耍中最为奇幻的门类。戏法二字全在变化，因此又称“幻术”。中国戏法起源古老，《列子 · 周穆王篇》载：“周穆王时，西极之国有化人来，入水火，贯金石，反山川，移城邑；乘虚不坠，能实不碍。千变万化，不可穷极。”那时的“化人”，相当于今天的“魔术师”，所作“千变万化”，乃是戏法。可以推见，早在上古时代就有变戏法这门绝技了。中国戏法起源于古代的巫术。据记载，蚩尤展现了作雾的能力。夏商时期出现了奇伟的战术，西周时期有吞云喷火的传说，而春秋时期则有站悬和水火双遁等与戏法相关的故事。在秦汉时期称为“幻术”，汉代戏法已达较高造诣。张衡《西京赋》描绘了变戏法的奇异和手法之神速：“奇幻倏忽，易貌分形，吞刀吐火，云雾杳冥。”经历朝历代不断发展，形成鲜明的民族风格。

南宋以来，杭州的瓦舍、街头以及喜庆堂会都有演出。表演者皆穿长袍，变的东西皆藏在袍里。表演前必须上、下、反、正都要亮相，掀开盖布里外让观众看过以示真实不欺。艺人讲究“八字真言”，即“捆、绑、藏、掖、撕、携、摘、解”。意为后台做准备工作用捆起、绑好、埋藏、掖夹；前台使活时用撕烂、携带、摘下、解开。以前，难度大的节目是从衣袍里落下三种活物，行话称“尖钢、扁嘴、落栏杆儿”，分别指狗、白鹅、小孩。清代乾隆皇帝曾作过一首《上元灯词八首·其四》的诗：“幻术曾闻殷七传，信乎否也祇疑

▲ 1934 年上海，一名男子站在街头的长凳上，两手拽着一条红布，正在表演中国传统的古彩戏法，四周的观众盯着他手里的布条，看得非常专注

然。试看火线飞来往，万树灯花顷刻燃。”诗中提到了幻术给人带来的奇妙感受。

▲ 1937 年的一个传统节日，变戏法的摊位拉出表演魔术节目的横幅，阵仗不小

清光绪年间，出现了中国第一部辑录民间戏法的专门著作《鹅幻汇编》，有人说“古彩戏法”，民国之前大抵称“戏法”，“古彩戏法”也许是1949年之后的新叫法。清末民初时期，中西文化迎来大交流，伴随着贸易往来与文化交流，英国人瓦纳、日本人松旭斋天一、意大利人却菲洛、美国人邓脱等都曾来华表演，西人称之为“魔术”，中国的幻戏师们也接受了这个称呼。直到近代，由于西洋魔术大量传入，中国才有了魔术这一说法。他们走出小小戏台，在上海、天津、广州等通商大埠与国外同行密切交流，也有走出国门，去海外弘扬中华戏法的。

▲ 这个吸引路人围观的街头表演不是变戏法，是民间布袋戏，也叫木偶戏

江南人杰地灵，清末民初的江南也出了个魔术天才莫悟奇，莫悟奇是南派魔术大师，深得师父的真传，善演西洋魔术，且能自行设计制作道具。上海魔术家张慧冲出身富商家庭，自幼痴迷魔术表演，后与魔术界前辈莫悟奇成了莫逆之交，莫赠给他“转心箱”等8套魔术道具。

张慧冲是20世纪20年代上海的著名电影编导、演员和制片人，他的魔术表演以大型幻术为主，表演节奏明快，场面宏大，包装豪华，独特的表演风格，成为海派魔术的创始人，后组建了“张慧冲魔术团”。张慧冲1933年大败德国籍魔术师聂哥拉后，声名鹊起。他曾率团远赴南洋，长期在印尼、缅甸、泰国、马来西亚、新加坡等地演出，其特点是取西方魔术之精华，融东方戏法之奇幻，开创了舞台巨型魔术，注重表演的艺术性和观赏性，融合了多种元素和风格。

古代的“幻术”，即近代以来的“魔术”，是一种奇妙的艺术表演，上海人俗称“变戏法的”，民间还一直流行一句“戏法人人会变，各有巧妙不同”的俗语。街头变戏法的，是讨饭吃的，当然无法与专业魔术师相提并论。街头变戏法，通常较为简单和粗糙，更多地依赖一些常见的手法和道具，表演场地和条件也相对简陋，常常被人看作是“挂羊头卖狗肉”，以变戏法为名，做些卖药敛财甚至是乞讨的营生而已。

但活跃在街头的变戏法艺人中，也有一些有真本事的人，凭借巧妙的手法和精彩的表演，吸引过往行人的目光。他们或在热闹的集市，或在狭窄的弄堂，用简单的道具和娴熟的技艺，营造出一个充满神秘与惊喜的世界。看杂耍、变戏法，向来都是市井百姓不可或缺的重要休闲方式。街头杂耍所提供的“戏法”，总能在不经意间给人们带来短暂却珍贵的欢乐与新奇。那些古老的街头杂耍，承载着岁月的痕迹和百姓的欢声笑语。

戏台高筑市廛空
——小戏棚子

老百姓茶余饭后看戏，属于休闲活动，也可以说是文化消费，然而，大戏院的高档设施，戏票价位也颇高昂，有钱人尽可以潇洒，对于大多数打工为生的普通人而言，那是一种遥不可及的奢华享受。相比之下，小戏以其亲民的价格、贴近生活的剧情和灵活多样的表演形式，成为了市民们娱乐活动的首选。

看戏，是一种审美愉悦，其实它与人们居住的环境是有很大关系的，老话说：“食易气，居易情”，城市兴起与阶层分化也影响到人们的文化生活。居住在“花园洋房”的富人自不必说，富得流油。一般中级职员或小职员有稳定工作，或者说早一步安家于此的移民，收入来源稳定，通常住在石库门里。他们都可以去市中心地带的影戏院欣赏各种戏曲与电影，而随着上海附近的贫苦民众来到上海寻觅生存机会，因地制宜地在打工地附近的荒地、废墟、河沟旁搭建了棚户、茅草棚这样的安身之所，棚户区就应运而生。

不过，居住在棚户区的穷人也有文化消费的需求，衣衫整齐地邀上三五好友到小酒馆、小饭店，点上几个本帮大菜，喝个痛快、一醉方休。一时间，集镇老街的夜晚，也会夜夜笙歌曼曲，那些茶馆、酒楼上除了有专职评弹、曲艺演员表演，于是许多小戏的草台班子，就会瞅准这些老社区，搭建一些简陋的戏棚子，这就是大部分贫苦市民看戏之场所。

这些戏棚子，主要分布在繁华市中心的边缘地带，在上海一些老的社区如八埭头、曹家渡、徐家汇老街、五角场、药水弄、蕃瓜弄等，虽然比不上正规影戏院或者舞台剧场的“上档次”，但在这里看戏就是一个随兴，既能尽兴取乐，又非常经济实惠。只要一角钱，看戏、看书、看杂耍；吃饼、吃糕、嗑瓜子，真是应有尽有。在草台班子搭建的帐篷里，京剧、沪剧、淮剧等各种剧目的演出真是有模有样、腔调不赖，只是演戏服装陈旧了一点，场子布景简陋了一点，可

▲ 清末小戏班，力量不足的也叫草台班子，在上海周边乡村演出

▲ 清末上海人过年，喜欢去老城隍庙看戏

“本事”不比正宗角儿差多少。老上海杨树浦路顺兴街的胜利戏院、徐家汇裕德路附近的“江北大世界”、五角场的三民戏院、西康路新会路的明月楼等，也都是生活在社会底层劳苦大众的戏曲乐园。这些场所或许简陋，或许不为人知，但对于那些为生活奔波的人们来说，却是心灵的慰藉之所。

那些简陋的小戏棚子里，设施简陋，门外也许是“弹格路”或尘土飞扬的土路，剧场内是一排排通铺硬板凳，因长期缺乏清洗而肮脏不堪。可即便如此，每日依然观众如潮。一旦有沪剧、越剧、江淮戏的名角偶尔来串场子，“客满”的灯笼早早便高高挂起。常锡戏、江淮戏、扬州戏等地方戏绽放着独特的光彩。它们没有气派的专用剧场，而是扎根在劳工们聚居的区域，在僻远的小剧场里默默演绎着人间百态。沪剧以其婉转柔和的唱腔，演绎着上海百姓的家长里短；滑稽戏凭借幽默诙谐的表演，逗得观众们前仰后合；还有那充满江南韵味的越剧、锡剧，乃至来自苏北的江淮戏，用细腻的情感诉说着动人的故事。演员们用真挚的情感和质朴的表演，为台下的观众展现着人间的悲欢离合。观众或为剧中人的遭遇落泪，或因有趣的情节捧腹大笑。在这一方小小的天地里，人们暂时忘却了生活的疲惫与烦恼，沉浸在小戏带来的欢乐与感动之中。

城市里的居民看小戏，苏南周边各市镇的居民与农民却是看庙戏，大抵是与庙会相结合的戏剧演出。庙会本身就是一个集宗教祭祀、商业贸易、娱乐休闲等多种活动于一体的综合性场所。许多戏台是临时搭建的，通常在庙会期间存在，庙会结束后便拆除。所演剧目丰富多样，包括传统的戏曲曲目、民间故事改编的剧目等，以满足不同观众的口味。由于庙会的人流量大，加上看戏是大众喜爱的活动，现场气氛热烈，人头攒动，喧闹异常。民国时期有一首民间看戏竹枝词云："丝竹悠扬古巷中，戏台高筑市廛空。名伶婉转歌千古，观众痴迷意未穷。"描绘了江南地区演戏时的场景，在悠扬的丝竹声中，人们聚集在古镇巷里搭建的戏台下，名角的婉转歌声演绎着千古故事，令观众们沉醉其中，意趣无穷。

这些小小的戏棚子，承载着无数人的欢乐与泪水，见证了岁月的变迁，成为了江南底层文化的一道独特风景线。

▲ 清末的小戏棚子在露天演出，因为演员不多，道具不足，故又称草台子戏

▲ 民国初年上海周边乡村古镇河边的棚戏

▲ 20 世纪 30 年代，普通平民百姓假日看戏情景

▲ 清末的盲人乐师，疑为照相馆摆拍

▲ 1917—1919 年间，上海街头盲人乐师和他的搭档

补还瞎子重开卷

——盲人卖唱

1917—1919年间，美国社会学家西德尼·戴维·甘博在上海拍下这样一帧照片：盲人乐师和他的搭档（见上右图）。清末民国时期，盲人卖唱是一种较为常见的社会现象，常常以拉琴卖唱为生，生活相当困苦。在江南的许多市镇和都市，有盲人在街头巷尾拉着二胡，唱着民间小调，诉说着生活的艰辛与无奈。他们的曲目多是传统的戏曲片段或民间歌谣，如《打金枝》《穆桂英挂帅》等。观众们会根据自己的心意给一些零钱作为打赏。有的地方，也有盲人组成的小乐队，他们有的弹奏三弦，有的吹着笛子，演奏着当地流行的曲子，在繁华的街市或茶馆门口，他们用卖唱换取微薄的收入。盲人卖唱者常出没于庙会、集市等人流密集的地方，以简单的乐器和质朴的歌声吸引过往行人。这些盲人卖唱者大多生活困苦，卖唱成为他们为数不

多的谋生手段之一。他们在社会的边缘艰难求生，通过歌声传递着自己的情感和对生活的希望。

在江南，最典型的盲人卖唱者莫过于阿炳，阿炳原名华彦钧，1893年8月17日出生在江苏无锡雷尊殿的“一和山房”。父亲华清和是雷尊殿的当家道士，母亲严氏则是寡妇，阿炳4岁时，母亲无奈地以结束自己生命的方式来抵抗世俗的偏见和歧视。父亲名义上也不好抚养儿子，只有偷偷送阿炳到乡下寄养。在阿炳8岁时他父亲又把他从乡下接回来，并以师父的名义抚养，先送他上私塾，只有识字了才有机会当道士，又向阿炳传授二胡、三弦、琵琶和笛子等多种乐器的演奏技艺。阿炳在“师父”的细心指导下勤学苦练。他长到18岁时，对各种乐器的演奏技巧已非常娴熟，还有一副好嗓子，被人们誉为“小天师”而成为洞虚宫里吹奏班的主要成员。1918年，华清和肺病严重。在临终前，他含泪向25岁的阿炳吐露他其实是其亲生父亲的实情。父亲去世，阿炳被继任为雷尊殿的当家大道士。

阿炳做梦也不曾想到，自己竟然是道长与寡妇的私生子。他心情郁闷，自暴自弃起来，根本没有心思管理雷尊殿事务。他开始抽大烟、逛窑子，最终染上花柳病重疾而双目失明。眼睛看不见，什么也做不成，他只有走上街头卖艺为生。盲人卖唱的营生是很凄苦的，他搭着“褡裢”，出入惠山山门内的7家茶馆店，每进入到一家茶馆后，先给客人拉一两段曲子，一般是《苏武牧羊》《梅花三弄》或抗

▲ 1923 年至 1924 年上海街头盲人与小男孩

▲ 20 世纪 30 年代的盲人卖唱与观众围观

日名曲《松花江上》作为开场戏。阿炳的表演很卖力，他嗓音清脆，韵味深长，中气十足，悦耳动听，深受茶客们的欢迎和赞赏。所唱的小曲小调，都是由他自编自谱的曲调，唱一两段之后就停下来，向客人们要钱了。一般他不直接伸手接钱，而是由人搀扶着，把那把蹩脚的胡琴琴洞反过来，请客人把钱放在他的琴洞里，以示他不是要别人施舍，只是个落难道士卖唱卖艺的。收过钱之后，阿炳继续拉琴，他的二胡琴技功底确实非凡了得。

南宋豪放派词人刘克庄《最高楼·臣少也》词云：“补还瞎子重开卷，放教跛子出看花”，意思是让瞎子重新打开书卷阅读，让跛子出去欣赏花朵，表达了一种平等对待残障人士的态度。尽管阿炳身处困境，双目失明，生活艰难，但他依然凭借对音乐的热爱和执着，创作出了不朽的经典《二泉映月》，以其深沉、凄婉、动人的旋律，展现了他坎坷的人生经历和内心的痛苦与悲愤，同时也表达了他对生活的热爱和对未来的憧憬。阿炳通过音乐诉说自己的苦难，给人们带来美的享受。该曲借景抒情、寓情于景，深刻地揭示了阿炳的内心世界，在一定程度上反映了生活在社会最底层的劳动者的沉重呻吟和倔强的性格。阿炳的另外一些作品也展现出他非凡的音乐才华。《听松》约作于20世纪30年代，正值全民族抗日战争时期，阿炳假托宋代民族英雄岳飞追击来犯者金兀朮的历史故事，表现了自己的抗日爱国思想。《大浪淘沙》以其深刻的音乐内涵和独特的演奏技巧展现了阿炳在琵琶演奏方面的高超技艺。《昭君出塞》和《龙船》则分别体现了阿炳对不同音乐风格的把握和创新。

▲ 20 世纪 20 年代的宁波一个拿着竹棍探路的盲人，身上背着乐器，是卖唱的盲人

1950年，杨荫浏等音乐学者用携带式钢丝录音机为阿炳录音，才使得这些作品得以保存并流传下来。阿炳的音乐作品对中国民族音乐的发展产生了深远的影响。

丝竹声声诉凄凉

——乐师演奏

古往今来民间音乐中有“丝竹”的称呼，既指丝竹乐器，亦指丝竹音乐，还指丝竹乐器合奏类型。另外还有“丝竹乐”的形式，那是一种特定的乐器组合演奏形式。唐代诗人白居易在《琵琶行》里写道“浔阳地僻无音乐，终岁不闻丝竹声”，这所谓“丝竹”指的就是丝竹乐。

“江南丝竹”是1949年以后由专业音乐家定名的作品。民国以前都叫“丝竹乐”，主要分布于江苏南部、浙江西部以及上海地区，丝竹乐队主要由二胡、扬琴、琵琶、三弦、秦琴、笛、箫等丝竹类乐器组成，与民众的生活联系殊为紧密。其曲调优美淳朴，清新悦耳，轻快明朗，绮丽优雅。

清末民初时此类器乐合奏样式，即因曲目传承不断积累，演奏表演愈加精湛，其传播中心亦由环太湖地区的姑苏转移到上海，在精通传统音乐的文人阶层推荐和文人乐社的推广下，在民间乐师演奏丝竹的器乐演奏样式基础上不断发展，其曲调婉转细腻，柔美动人，变化

▲ 1900 年上海音乐家乐队

▲ 晚清时期的女乐师

▲ 民国时期上海大同乐会录音现场

多端，令人陶醉。丝竹乐注重乐器间的默契配合，逐渐形成“小、细、轻、雅”之独特风格。特别是演出乐队的编制上更显灵活多样，二胡、笛子为主角，琵琶、扬琴、笙、箫等亦能参与其中，通常三至五人，便可组一乐队，因而常见民间乐队的演奏。

民间乐师发挥了重要作用。他们不仅是江南丝竹乐的演奏者，也是江南丝竹乐的传承者和创新者。然而，在晚清民国风雨飘摇的岁月里，社会动荡，民间乐师们的生活深陷于困苦的泥沼。由于经济困难，为维持生计，许多民间乐师不得不离开家乡，四处流浪，以演奏江南丝竹为生。

出于对民间音乐的喜好，社会各行各业的人都可能成为民间乐师，如一些戏曲演员在戏班解散或个人发展受限的情况下，投身民间乐师行列；原本出生于富裕家庭，但由于家族变故、衰落等原因，不得不依靠音乐技艺谋生；一些未能通过科举或其他途径获得功名的落魄文人，转而以演奏音乐为生；原本从事手工业工作的艺人、工匠，由于行业衰落，凭借对音乐的爱好和自身一定的基础，转行成为民间乐师。还有一些贫困的农民，凭借音乐技能外出演奏补贴家用；但更多的是居无定所，四处漂泊，以音乐表演获取生活所需的流浪艺人以及流落街头的盲人艺人，他们以表演音乐为专长，常年在街头卖艺，也积累了一定的表演经验和社会阅历。

民间乐师演奏场所主要是在茶馆、酒楼、街头等地，每当夜幕降临，他们便会带着自己那把略显破旧的二胡，走进一家家酒楼，希望能找到演出的机会。然而，酒楼里的客人往往是为了应酬或享乐而来，推杯换盏，高声喧哗，喝酒划拳的声音太大，常常掩盖了乐师的二胡声。乐师只能默默忍受，脸上满是无奈和尴尬。等到宴席结束，酒楼老板也只是随意扔出几个铜板，打发他们离开。来茶馆的客人多是来谈天说地、消磨时光的，对民间乐师的演奏并不十分在意。他们拿着微薄而少得可怜的钱，只得默默地离开了茶馆，心中满是委屈和无奈。

▲ 1923 年至 1924 年上海郊区农家乐队的演奏表演

民国时期上海街头的吹笛子乐师，常常是吹笛子与卖乐器兼而有之，他们每天都会站在街头的一角，吹奏着笛子。路过的行人大多行色匆匆，很少有人停下来欣赏他们的演奏。遇到刮风下雨，几乎难有地方躲避，不仅挣不到钱，还因为淋雨而生病，却无钱医治，只能在家中苦苦煎熬。战火纷飞时，生计更是艰难，颠沛流离，乐器受损，技艺无处施展，疾病与饥饿如影随形，却无钱医治，无粮果腹。他们居无定所，常如飘萍般辗转于陋巷破屋，为谋生计，背着沉重的乐器，穿梭于街头巷尾。清晨，他们在嘈杂的集市一隅，迎着晨曦演奏，期望能换来几个铜

▲ 20 世纪 20 年代寓居上海的广东籍人士组成粤乐队演奏广东乐曲

板以果腹。但路人多是匆匆而过，偶有驻足者，投来的目光也常带着冷漠与不屑。民国上海有一首佚名的竹枝词：“丝竹声声诉凄凉，街头巷尾独彷徨。生计艰难愁肠断，知音难觅泪沾裳。”这首竹枝词描述了民间乐师在街头卖艺，以丝竹之声表达内心的凄凉。岁月的沧桑在他们的脸上刻下深深的痕迹，生活的重压让他们的脊背渐渐弯曲，但他们心中对音乐的热爱之火，仍在这艰难困苦中微弱地燃烧，期盼着有朝一日能重获安宁与尊重，让美妙的乐声再次飘荡在祥和的天空下。

第七章

游艺活动与民间玩具

民国时期的上海，民间游艺与游乐活动丰富多样，反映了当时社会的多元文化和市民的生活情趣。儿童“打弹子”“滚铁圈”“猜东里猜”……这些游戏不仅充满趣味，也反映了当时上海儿童的生活方式和娱乐文化。其中一些游戏可能在不同地区或家庭中会有一些变化和独特的玩法。此外，民国时期的书籍文具商店也会兼售小孩玩具，例如铁皮玩具、木制玩具、西洋玩具、洋娃娃等。当时上海的铁皮玩具发展较为蓬勃，一些知名厂家生产的铁皮玩具坚固耐玩；木制玩具也是一大门类，包括鲁班锁、七巧板、木陀螺、积木、六面画、棋类等；娃娃则被称为洋囡囡或人偶、玩偶，西方娃娃的传入使中国传统娃娃的造型和工艺发生了变化。

所谓“九子游戏”是近几十年人们的总结与归纳，民国时期并不存在这种归纳的说法。上海的弄堂游戏确实给孩子们带来了欢乐，也有助于培养他们的身体协调性、反应能力和社交能力。虽然时代变迁，但这些游戏至今仍是许多人童年的美好回忆。再如跳绳游戏，分长绳、短绳两种跳法。长绳常在课间或课余进行，由两人甩动一根长绳，跳绳者一个接一个依次跳入长绳，过程中如有人腿脚绊住绳子，即退出队伍，与甩绳者交换位置。该活动集体性强，参与的人多，动作幅度较大，冬季在青少年中普遍进行。短绳跳法很多，有形形色色的花样跳法，如双飞跳、前进跳、双手交叉跳、双人跳等。

民国时期在成年人中间的“搓麻将”以及棋牌对弈等活动成为人们社交互动的重要方式，亲朋好友、邻里街坊常常聚在一起打麻将，增进彼此的关系。可以说不分阶层，无论是富裕人家还是普通市民，都热衷于麻将游戏。各地移民带来了不同的麻将玩法和规则，在上海融合发展。此外，包括象棋、围棋和扑克牌游戏等，也满足了不同人群的喜好和需求，被视为一种智力和策略的较量，形成了一定的竞技氛围。

麻将风行和棋牌对弈，既丰富了人们的生活，也反映了当时的社会文化和民众的休闲方式，但也有一些人因沉迷其中，影响了正常的生活和工作。这些游艺与游乐活动在不同阶层中的普及程度存在差异，共同构成了民国时期上海丰富多彩的民间娱乐生活。

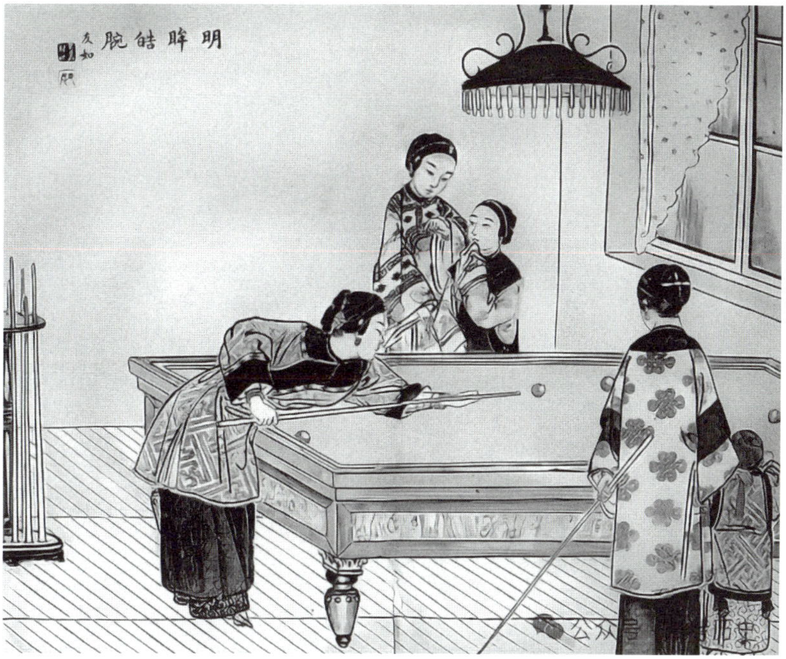

▲ 清末吴友如绘“明眸皓腕”女子打台球，坊间谓之“打弹子”

盘式长台六尺方

——弹子三说

上海的弄堂游戏丰富多样，充满生活气息和乐趣。弄堂更是上海的小孩子们嬉戏玩耍、从事各种游戏活动的主要场所。生活在19世纪中叶至20世纪末的上海人在童年时代几乎都有与弄堂中的小朋友一起玩游戏的经历。男孩子们玩的大多是一些较为粗犷的游戏，如打弹子、盗将寨、钉橄榄核、飞香烟牌子、滚铁环、扯响铃、溜冰等；而女孩子们玩的则大多是一些较为细腻文雅的游戏，如跳橡皮筋、造房子、踢毽子、挑绷绷、拾子等。绵绵悠长的上海弄堂，使一代又一代的上海人童年和少年的大部分甚至青年的一部分光阴，就流逝在其中。

老上海人的“打弹子”，分为三类，一类叫“大弹子”，另一类叫“小弹子”，还有一类是“玻璃弹子”。且分说如下：

“大弹子”即保龄球，保龄球也被讲作地滚球，是一种以滚动的球击倒排列的木桩的游戏或活动。黄式权著《淞南梦影录》记录了大弹子入沪时的情景。黄式权是南汇人，任《申报》主笔，通上海掌故。1883年刊印的《淞南梦影录》是一部记录上海洋场风情的著作，书中记述道：“有大弹子者，铺木为槽，纵约六七丈；槽尽处立小桩10枚；一人遥立，以弹投之，能尽将木桩击倒，即可夺彩。斯真游冶篇，消闲之别调也。”寥寥数言就把保龄球场的结构、游戏方式勾勒得清清楚楚。1863年英侨在上海最主要的社团——英商上海总会（Shanghai Club）在外滩2号兴建自己的会所时，就建造了一个设有4根球道的保龄球场馆，当然也只有总会的会员才能入内游戏。开埠之初的上海，除了茶楼酒肆，真正好白相的地方也不多，于是，中国的商人就到福州路的华众会、阆苑第一楼等游乐场所游玩。清代，上海保龄球通常每局收费一角，对消费者来讲是一种价格不菲的娱乐，但是对于经营者来讲，保龄球场馆占地较大，要求较高，投入与产出不相应。到了清末民初，大多数商业性的“大弹子房”已关闭，只有位于湖北路的一家叫作“西园”的在惨淡经营。到了20世纪20年代末，这家“西园”也关门大吉了。

▲ 1910 年扬州，大户人家在家里打英式板球

▲ 1919 年上海丽则女校的球会会员

“小弹子”即“司诺克”，《淞南梦影录》记道：择巨室设长木台长丈许，阔半之，覆以哆呢，而高其边；碾象牙为圆子如鸭卵大者4枚。拨以木棒，两相撞击，以角输赢，谓“打弹子”。初惟寓沪西人借以消遣，犹中国之围棋、马吊也。自一品香番菜馆设弹子房，继

之者有洪园、华众会、阆苑第一楼诸家。与“大弹子房”相比，“小弹子房”的投资少多了，只要摆上“长丈许，阔半之”的球桌就可以玩了，但玩这种弹子的技巧度则要高出一些。最初，福州路上的不少茶馆、娱乐场开设了“弹子房”，当上海有了一批“打弹子”的高手时，这项娱乐活动的普及程度日益提高，一些居民或租赁较宽敞的住宅，或将自己住宅的房间打通，放上几张桌子就登记开张弹子房了。清末《沪江商业市景词》是这样描述的：“为开打弹设间房，盘式长台六尺方。四个牙圆如卵大，互相撞击赌钱忙。”这种弹子房不用向有关机构登记注册，所以也无法统计出上海到底曾有过多少弹子房。

如果说，前两种“打弹子”都需要设施与场地，那么弄堂游戏中的孩子们玩“玻璃弹子”则是另一番风情。玻璃弹子较小，因而也有

▲ 20 世纪 30 年代中期参加草地保龄球赛的女士

"弹珠"的称呼。它的玩法，先是在路边空旷地方支起一块斜砖，谁的玻璃弹子滚得远，谁就先开球，用拇指、食指与无名指夹着一个玻璃球，用拇指和食指贴近地面弹出，如果击中了对方的那一颗，便可赢到手。也有在地面共挖六个拳头大小的小坑，最后一个坑称为"主坑"。玩家相继向坑中弹球，弹子落入坑中继续，不中则轮换，一人一次。同一球连进五坑后，再进"主坑"，出来后称为"主球"。主球可"射杀"任意对方弹球，被弹中方算失败；其他球亦可弹中"主球"，需连击中三次，称为"攻主球"，而后成为新的"主球"，再继续射杀其他弹球。后来出了花瓣玻璃球，个头小一点。许多玻璃球被弹得满是伤痕，球体表面都成了雾白色，却还是舍不得丢弃。有的人还美其名曰"熟球"，说是用旧了，手感强，全凭它来赢取新球。

▲ 民国时期儿童游戏弹玻璃球，亦称"打弹子"

"打弹子"游戏给民国时期孩子们的童年带来了无尽的欢乐，也成了今天的人们对那个时代独特的回忆。

儿童妙具双钩手

——弄堂游戏

在上海弄堂，居民的职业、背景各不相同，文化层次参差不齐。因而带来了弄堂生活的多样性。各阶层居民在长期的生活中相互影响、取长补短，使整个弄堂文化气氛趋于大众化，形成一种特有的市民文化。这种市民文化由于居民文化素质的多样性与复杂性同处一个空间，以及相互作用，既不大可能涣散、堕落，也难以形成高雅的文化氛围。这样，弄堂文化自然成为一种世俗的然而却又和谐的市民文化，构成了上海市民文化的主要方面。

说到“刮香烟牌子”，其实那是印着彩色连环画的硬纸片，一张张剪开来，可以用来玩耍。香烟牌子，记载着行业百态、民俗风情、戏曲电影、文学故事、妇女儿童、时事新闻等诸多内容，近代中国出现的一些新兴职业，如邮递员、报贩、打字员、摄影记者、电台播音员，也一一出现在小小的香烟牌子上。“灯会”“交际舞”“妇女新装束”“新潮发型”都让人回首过去，生发出无限感慨。所谓“刮香烟牌子”，就是甲的一张放在地上，乙把自己的一张用力拍向它近旁，依靠扇起的风使它翻一个面，或者贴近地面轻轻滑向它，插入它的下面，这样都算赢，就可以赢得一张。为了使香烟牌子变得平整，不易被刮翻或插入，就用油将它们浸渍。浸渍得好的香烟牌子往往屡战不败，就专门被用来作战，滚打得乌黑发亮。在孩子们眼里，这肮脏的模样是战绩和威力的象征。

▲ 1901 年上海弄堂儿童游戏“打砖球”。隔四五米远画两条线，每人拿个砖头站在一条线旁，看谁把砖头扔得离另一条线更近

▲ 清末儿童游戏，孩子们在玩“盲人游戏”

那时平民家的孩子，父母基本上没钱买什么玩具，然而在弄堂里，各种自制的土玩具，样样都能让孩子们玩得兴高采烈，津津有味。“斗鸡”，称得上是最具男子气概的战斗，也确如鸡斗，讲究技巧、力量的配合，缺一准输。对阵双方，各自将一条腿抬起，叫喊着单脚跳着冲向对方，奋力撞向对方，竭力使对方不能保持平衡，双脚先着地者算输。抽“贱骨头”，为了使它飞快旋转，孩子们还会去修自行车摊捡钢珠，把它镶嵌到“贱骨头”的尖端，这样“贱骨头”转起来就很顺溜了。还有一种“滚铁环”的游戏。将一根铁条扭成环状，再用长柄的铁钩驱动铁环向前滚动，铁环滚动时发出的声音，悦耳、清脆。当时路上车辆很少，对滚铁环的安全不会构成威胁。在上学路上滚，不但能够免去单纯走路的乏味，而且行走的速度又得以加快，乐趣融融。

女孩子们的游戏是踢毽子，那是用一块废弃的棉布，一枚方孔铜钱和几根花鸡公的羽毛做成的毽子，以单腿弯曲，脚踝接住下落的毽子使其反弹上去，这种连续动作，使毽子一直保持在空中。如果能在半个小时甚至更长的时间不让毽子掉地，且能踢出许多令人惊讶的花样来，就是令人刮目相看的优胜者了。女孩们还喜欢跳橡皮筋，两三个人原地站立，将长长的皮筋拉直，随着游戏的深入，皮筋一节一节地升高，难度也一点一点地加大。最后，皮筋移至脖颈，甚至用手举过头顶，可女孩们居然能够灵巧地倒立翻身，从容漂亮地完成那些看来几乎不大可能的动作。还有些游戏是男孩子与女孩们一同玩的，比如丢沙包、扑三角板、掉杏仁、跳房子或是捉迷藏等。童年的游戏真的是丰富多彩，永远留在了遥远的童真时代。可是那样的珍贵日子与激情瞬间，已经从我们生命的天幕中陨落，此生再难重拾和拥有。

▲ 清末画报所载儿童捉迷藏游戏，上海话叫“畔夜摸摸”，也叫“摸瞎子”

▲ 1925 年上海中西女塾第一附中女学生在做跳橡皮筋游戏

中小学生放学后，到弄堂口“打康乐球”也很有趣。康乐球是一种舶来品。是英文corner

▲ 民国时期弄堂里男孩女孩一起玩游戏“老鹰捉小鸡”

ball的“洋泾浜语”，意译为“角球”。四个角的地方各开一只直径约7厘米的洞，再用硬木做若干只（一般为36只，另加母子一只）形似象棋的子。游戏时可分2人或4人对抗进行，以击子进洞多少定胜负。打康乐球是需要付费的，只是收费较低，因此是简单化、平民化的“斯诺克”。康乐球在20世纪40年代传入上海，无业的居民或无所事事的家庭主妇花些钱购几只盘，就可沿街设摊了。

即便时光流转，社会变迁，那些弄堂游戏所带来的温暖回忆，依然深深地印刻在上海人的心中，成为了这座城市独特的文化符号和情感寄托。民国诗人王景彝《吾乡中秋竹枝词》云：“乱石堆成三尺台，合尖也似七层开。儿童妙具双钩手，翻出浮屠缩本来。”孩子们用瓦片砖石堆叠成小塔，塔中放置点燃的蜡烛，烛光映照得小塔灯火通明，诗意如同是一个象征，孩子们玩起游戏，总是不亦乐乎，尽兴方归。

▲ 1937 年穿着节日盛装的中国男孩

七夕穿针兴若何
——节令聚戏

中国传统节日的起源常常与祭祀相关。许多节日最初是为了祭祀天地神灵、祖先等，以表达敬畏和感恩之情，例如春节祭祀祖先、清明节祭扫等。同时，在节日中，人们通过各种娱乐活动来欢庆、放松和享受生活，如春节期间，舞龙舞狮表演热闹非凡，孩子们会放鞭炮、烟花，一家人聚在一起玩猜谜语、打扑克等游戏，其他如元宵节的赏灯猜谜、端午节的赛龙舟、清明节的踏青放风筝、七夕节的乞巧、中秋节的赏月玩花灯，重阳节的登高远眺……明代那个撰写《夜航船》的大文士张岱说的“节令聚戏”，其含义更是丰富多彩，既是指传统节日里聚在一起看戏，也是指节日里放松身心的游戏活动，而且传统节日中的游戏活动，不仅增添了节日的欢乐氛围，也扩大与传播了节日文化的影响力。

如七夕节，起始于上古，普及于西汉，鼎盛于宋代。在清末民国时期，七夕节逐渐衰落，但其游戏精神的文化意义也许更加多样化。

一方面，它可能仍然承载着人们对爱情和婚姻的向往，成为情侣们表达爱意的特殊日子；另一方面，随着社会的变革和西方文化的影响，七夕节可能也开始融入了一些新的元素和观念。

清末民国时期的江南民众是如何过七夕节的呢？根据旧时典籍记载，地处江南水乡的民众，“家家乞巧望秋月，穿尽红丝几万条”，人们尊崇织女聪慧灵巧、多才多艺，在七夕之夜，向织女乞求智巧。又因为参加节日活动的大多为闺阁妇女，因此也称“女儿节”。过节时，她们多在庭院聚会，穿新衣、拜双星、摆香案、供果品，穿针引线、搭接彩缕，进行各项乞巧活动。清人顾禄《清嘉录》记载了当时吴地的“巧食”：七夕前，市上已卖巧果，有以面白和糖，绾作苎结之形，油氽令脆者，俗呼为“苎结”。浙南民间在这一天用大米粉加糖制成一种条形的食品，叫作“巧团”，秦锡田撰《周浦塘竹枝词》云：“薄薄铺平盘巧果，新翻花样费平章。”“巧”字寄托着食用者心灵手巧的美好愿望，实际上就是油面糖蜜。

▲ 1939 年 2 月 17 日春节前大年二十九，江苏扬州街头卖年货玩具的商贩

▲ 过洋节日搓麻将（月份牌画）

那时的人生活节奏慢，人们在品尝巧果的同时，也玩乞巧游戏，在七夕前夜，盛一杯沸水和冷水混合起来的“阴阳水”，放置中庭，等天明日出之后，在太阳底下晾晒，直到水面慢慢生成一层似薄膜的物质，捏一枚小针放在水面上，观察水底小针的投影。如果影子是一条细线即为“乞得巧”，如呈现如棒槌等一般的粗线，即为“乞得拙”，以此来检验一个女子是心灵手巧还是笨手笨脚，这就是投针验巧。浦东人倪绳中撰《南汇县竹枝

词》说：“弯弯凉月挂银河，七夕穿针兴若何。”因为要乞巧，江南女子一般都工于女红。过七夕节，女子都要去“月下穿针”，五孔、七孔、九孔难易程度不一，满满的仪式感，还要比赛谁穿针引线多。以针验巧的各种方式，将女红才艺与竞技比赛结合，也为七夕增添了一些集体游戏的趣味。清代诗人吴曼云在《江乡节物诗》中写道：“穿线年年约北邻，更将余巧试针神。谁家独见龙梭影，绣出鸳鸯不度人。”“投针验巧”也好，“月下穿针”也罢，女子除了乞求高超的手艺外，还暗暗乞求上苍能为她匹配一个如意郎君，成为一种爱的诉求。

▲ 民国时期上海中西女中教师节为女教师簪花

▲ 过洋节日去跑马厅看赛马，是诸多在沪外侨的选择

再如农历七月三十地藏王菩萨生日，虽然不是什么大节，却也是民间不能忘却的。当时家家户户都要在地上遍插棒香，祈求地藏王菩萨保佑祛病消灾。家家户户尽点香，特别是在夜晚，弄堂里人影晃动、香烟缭绕，看上去有点神秘。小朋友满心欢喜，不肯睡觉，在弄堂房前屋后走着，他们盼望着棒香快点燃尽，可以拔香棒。等到棒香都点光了，小朋友们忙不迭地争着抢着来拔香棒。很快原先的祭祀棒就成为弄堂里小朋友手里的游戏棒了。玩者为两人或两人以上。由一人先抓好一把棒后放手，让香棒自行倒下散落开来；重重叠叠，再用一根香棒去挑，挑起其中一根就算赢，而触动了别个香棒，就算输，由别人再挑，依此类推。受“斗香棒”的启发，后来就出现了一种专门用竹片削成的细长尖的小竹棒，上面还涂着不同的颜色以显示其不同的分值，看谁拿到的游戏棒的分值最高为获胜。这个游戏很锻炼人的细心与耐心。

▲ 江南吃中式早茶场景

茶寮酒肆额纷题

——酒令茶令

酒的魅力，其实并不完全在于酒本身，还在于酒文化的丰富内涵和附加的娱乐功能。作为中华民族独特文化现象的酒礼和酒令，无疑给饮酒增添了很大乐趣。酒令是中国独有的游戏。它的出现与周代酒礼的产生有关。“酒食者所以合欢”，酒令是一种互动的游戏，给喝酒创造了一种合欢的气氛。酒令在春秋战国的时候就已经有了，当时有几种不同的酒令。后来酒令的发展可谓五花八门。包括谜语、灯谜、字谜等，最初也是在酒桌上出现的。既然酒令是一种文人之间的游戏和竞赛，那就存在一个公平性的问题，所以行酒令的时候是有裁判的，这个裁判就叫酒监。酒令的“令”字，就有强制、约束之意，要保证大家都按照这个游戏规则来实行。魏晋时期流行的“曲水流觞”，大家沿小溪流水处依次围坐。一人将装满酒的杯子放在上游任其漂流，当酒杯停在谁面前时，谁就要喝酒，趁着酒意还可作诗，是一种最古老且持久的酒令游戏。

直到清末和民国时期，常见的酒令游戏玩法，虽然逐渐消失在历史进程中，但文人聚会，喝大酒，酒令还是出现在上海及江南各地的饭局中，酒酣耳热时，玩一种“藏钩”，又叫“送钩”，玩法简单。一方把“钩”藏于手中或手外，握成拳状让另一方猜测，猜错的要罚酒。类似现在的“猜有无”。还有一种类似“击鼓传花”的游戏。用花或其他小东西来传递，以决定谁喝酒。通常会有令官通过敲鼓等方式发出声音，让在座之人按顺序传递，当声音停止时，花在谁手中谁就输，便要被罚酒。“猜谜”，席上由一人将桌上或房间里的任何东西藏起来，让另一人猜测是什么东西被藏。若猜中则为赢家，猜不中即为输家要被罚酒。更直接的玩法叫“汤匙令”，就是将一把汤匙放在桌上，由一人使其转动，当汤匙停止转动时匙柄指向谁，谁就是输家要被罚酒。

▲ 清末一群青年在吃饭喝酒划拳。两言酒令是：一定、两好、三元、四喜、五魁、六顺、七巧、八仙、九长、全福

▲ 清末一对双胞胎姐妹与一个闺蜜玩猜拳游戏，输家得惩罚喝酒。四言酒令是：一定终身、两相情愿、三星高照、四季发财、五子登科、六六大顺、七巧成图、八仙过海、九九长寿、全家福禄

清代还有“酒牌令”游戏，在牌上刻画内容然后抽取，根据牌上的内容指示来决定谁喝酒。例如咸丰年间的《列仙勒捘人》酒牌，上面刻画了48位仙人的名字和特点，抽中某张牌后，按照牌上所写指示执行，如“老子”牌上写着“寿者欢”，则要在场年长者喝酒；“黄石公四”牌上写着“有著述营一杯”，就

要在场有过著作的人喝酒。不同的酒令游戏适合不同的人群和场合，它们既能为饮酒增添乐趣，也是中国好客传统以及饮酒艺术与才智的体现。随着时间的推移，一些酒令游戏可能在形式或规则上有所变化，但它们仍然是中国酒文化的重要组成部分。

清末上海人袁祖志作《海上竹枝词》云：“茶寮酒肆额纷题，逐队呼朋东复西。”茶馆和酒馆纷纷在门上题字做招牌，人们成群结队地呼朋唤友，从东到西来来往往。这句诗描绘了晚清时期上海地区茶馆和酒馆生意兴旺和社交娱乐的热闹场景。的确，除了“酒令”之外，茶令也流行于江南地区。饮茶时以一人为令官，饮者皆听其号令，令官出难题，要求人解答执行，做不到者以茶为赏罚。茶令这样雅致的文字游戏自然少不了文人墨客的身影。民国学者钱锺书天生不

▲ 手持书籍的女子与两个男子打起了相同的手势，在行酒令

▲ 清末闲暇时间人们喝茶与抽烟

爱交际，除了读书写作，他的爱好就是和妻子杨绛喝茶行茶令，据说钱锺书有茶令赠与杨绛：“黄绢无词夸幼妇，朱弦有曲为佳人。翻书赌茗相随老，安稳竖牢祝此身”：“幼妇”借指“妙”字，就像那朱弦奏出的乐曲是为了佳人。我们一起翻书、赌茶，相伴到老，希望能安稳地度过此生。这首诗是钱锺书借“茶令”对杨绛的深情表达，体现了他们夫妻之间的深厚情感和高雅的生活情趣，也表达了愿与杨绛携手相伴一生的愿望。

文人骚客聚在一起喝茶时，除了行一些有趣的茶令，还猜一些有趣的茶谜，以助雅兴。例如“生在山里，死在锅里，藏在瓶里，活在杯里”，谜底是茶叶；“人间草木知多少”，谜底是茶几；“春风拂面”，谜底是绿茶……茶令和茶谜，通常在多人共饮时进行，它要求参与者遵循一定的规则和礼仪，展示了对他人的尊重和友好，是人们在品茶之余追求精神愉悦和放松的方式，不仅是娱乐活动，更是茶文化的生动体现，承载着人们对茶的喜爱和对生活的积极态度。

春灯谜语耐人猜

——猜谜助兴

上古时代有一首被称为《弹歌》的民谣：“断竹续竹，飞土逐肉。”（东汉·赵晔《吴越春秋》），这首民谣中说的是制作弹弓猎取野兽的过程，其性质属于隐语。《汉书·艺文志·隐书》十八篇，是我国最早的一部谜书。三国时，猜谜更为盛行，大文学家蔡邕，在曹

▲ 清宣统年间《图画日报》：上海新年之现象——打灯谜

▲ 旧时上海的春节，达丰染织厂“七子闹元宵”月份牌

娥碑的后面题了八个字：黄绢幼妇外孙齑臼，好多文人学士都猜不出是什么意思。曹操的谋士杨修看了以后，抚掌大笑说：“好，好，绝妙好辞！”原来那“黄绢幼妇外孙齑臼”八字暗喻“色丝、少女、女子、受辛”八字所组成的“绝妙好辤（辞）”四字，这个谜亦被称为文义谜的鼻祖。

宋代，由于城市经济的繁荣，文化娱乐活动也日益丰富。在元宵佳节，人们张灯结彩，于是有人将谜语写在纸条上，贴在五光十色的彩灯上供人猜射，这就使得猜谜与花灯结合起来，逐渐形成了灯谜。灯谜的出现与汉字的特点密切相关。汉字的形、音、义变化丰富，为制谜和猜谜提供了广阔的空间。灯谜在谜面和谜底的设计上更加巧妙、含蓄，常常运用各种修辞手法，如比喻、拟人、谐音、借代等，增加了趣味性和难度。更因王安石、苏东坡、黄山谷、秦少游等一众文学大家积极参与制谜、猜谜，使灯谜脱颖而出，自成体系，谜事活动大盛。灯谜，又称“灯虎”“文虎”，所以猜灯谜也叫“射虎”。旧时猜灯谜主要在元宵，边赏灯边猜谜。

清人葛甡《余生虎口虎》说：“灯谜宜用灯也。应在春宵秋夕，粉壁墙阴悬一长扁方灯，糊以或绢或纸。”“出谜原应春时在灯节前后，秋夜在会期歌舞之场。惟须闹中取静，免其非个中人嘈杂，以败文雅兴趣也。”晚清江南以及上海的猜谜游戏颇为流行，还出现了各种谜社。清光绪十一年（1885），时任松江府娄县县学教谕的常熟文士姚福奎结识了时任华亭教谕的何绮。何绮喜爱灯谜，受其影响，姚福奎也逐渐成为“隐君子”，后来，他们与友人吴光绶等数人结立社团“隐社”，《日河新灯录》一书记载了隐社成员的四百余则灯谜。

▲ 1948 年江苏南京夫子庙灯会，一名小贩提着灯笼沿街叫卖

▲ 20 世纪 40 年代上海，人们手拿花灯欢欢喜喜闹元宵，打灯谜

清末猜灯谜，更是成了各种节日里不可或缺的娱乐活动。彼时举行猜谜活动的时间，已不限于在元宵佳节了，延伸至农历三月廿八的“城隍夫人诞辰”，农历二月十二的“百花生日”，农历八月十五的中秋节“花朝月夕”和农历七月半的“中元节”，地点更是遍及沪城街巷市肆了。上海在民国时期还有“苹社”“大中虎社”等谜社。“苹社”的社团成员选择在繁华的“新世界”“绣云天”等游乐场中雅聚，除内部活动外，每月十五还向游客开放；“大中虎社”的社址坐落于“大中楼”旅店，社员也常在“大世界”游乐场、法国公园等公众场合举行大会。清末《图画日报》《上海新年之现象 · 打灯谜》其一云：“春灯谜语耐人猜，斗角钩心细射来。却笑糊涂门外汉，瞎猜绝不怕坍台。”

自清代咸丰时，沪渎的猜谜活动已相当普遍，到同治、光绪年间越发盛行。当时的老城隍庙“一轮月”笺扇店每年元宵会挂谜征射，豫园的“玉泉轩”中灯谜活动也曾十分兴盛。

清末民国时期的上海猜谜游戏形式多样，参与人群广泛，不仅是一种游戏娱乐活动，也反映了当时的社会文化氛围和文人的心态，这些灯谜社团的活动和相关谜集也成为了近代文献中的独特景观。在这个多元、繁忙且充满变

▲ 20 世纪 40 年代元宵节人们手拿花灯欢欢喜喜闹元宵，彩灯让人看花了眼

化的城市环境中，人们需要各种形式的娱乐来缓解生活压力，丰富精神世界。无论是普通市民、文人雅士还是商人等，都能参与其中，促进了社会各阶层之间的互动和文化交流。猜谜游戏中的谜面和谜底往往蕴含着丰富的文化元素，如诗词、典故、历史人物等，这体现了传统文化在当时社会中的传承和延续。

在这一时期，也有一些文人会通过灯谜来表达自己的情感或观点。他们通过创作巧妙、富有深意的谜面和谜底，来彰显自己的文学造诣和敏捷思维。在灯谜社团中，文人可以结交志同道合的朋友，切磋技艺，形成文化圈子，获得归属感和认同感。面对社会的动荡和变革，灯谜创作有时可能成为文人表达内心感受、寄托理想或抒发无奈的隐晦方式。如1931年九一八事变前夕，上海《文虎》杂志刊登的《诅咒日本之灯谜》一文，作者钱南扬从《莲廊雅集》中录出了多条有檄讨、咒诅日本之意的灯谜，像“将日本挖去心肝”，射“呆”字；“拿获日本将放倒，左边抽了筋，右边穿了骨”射“相”字，等等。

清末民国时期上海的猜谜游戏不仅是一种娱乐活动，更是社会文化的一面镜子，反映了当时社会的多元面貌和文人的复杂心态，其相关文献具有不可忽视的历史和文化价值。

无人提挈漫徒劳
——扯铃嗡嗡

空竹，古称胡敲、空筝、空钟，俗称嗡子、响铃、转铃、老牛、闷葫芦、风葫芦、天雷公公等，俗称可谓多矣。空竹属于汉族民间传统游戏，在我国大江南北很是风行，也许在华北与东北地区比南方还要盛行。空竹与古时的蹴鞠、荡秋千同源，最早始于宫廷，初期也许就是为了在宫廷中供皇家子弟嬉戏玩耍。久而久之，原本只供少数人玩耍的空竹，也从宫廷传到民间，成为一项民俗技艺和民间体育遗产。

空竹一般有单轮和双轮两种，双轮的空竹如同腰鼓一样，以竹或木制作而成，两头为两只扁平状的圆轮，轮内空心，轮上挖有四五个小孔，孔内放入竹笛，两只轮子间有轴相连；单轮的空竹则如同陀螺，一侧有轮。因其轮内空心而有竹笛，故名“空竹”。《水浒传》里说宋江受了招安之后，出征方腊，在街上看见有人用“小索”连着的两根“巧棒”，耍弄一个“胡敲”。《水浒传》虽然是元末明初作家施耐庵所作，但反映的却是宋代的事。宋江目睹空竹，因物生情，做了一首咏空竹的诗："一声低来一声高，嘹亮声音透碧霄。空有许多雄气力，无人提挈漫徒劳。"将抖空竹与他的境遇联系在一起，也是有感而发。

▲ 清末《图画日报》中的"卖扯铃"图

明末刘侗与于奕正合著《帝京景物略》卷二中记述了空钟（空竹）的制作方法及玩法。清代坐观老人在《清代野记》中写道："京师儿童玩具，有所谓空钟者，即外省之地铃。"空竹与拔河、秋千、踢毽子、抽陀螺等，包括许多民间游戏，民族气息、地方色彩浓郁，虽与近代西方体育游乐形式大相径庭，但在世代相传的过程中，与普通民众的生活有密切的联系，他们是中国人独创的民族体育瑰宝。

▲ 清末儿童游戏图，北方称"抖空竹"，南方称"扯响铃"

吴地方言称抖空竹之游戏为"扯铃"，清末上海民众在新春时节，玩抖空竹成为健身娱乐的重要元素。空竹除木制、竹制外，亦有用茶壶盖等器皿作代替物的，把空竹悬于系在两根小棍顶端的细绳上，玩者两手各持一棍来回拉动，便可产生旋转并随速度加快发出嗡嗡的响声。抖空竹原是庭院游戏，后经加工提高，有了竞技性质，并成为传统的杂技项目。有的空竹轮面用木制成，轮圈用竹制成，竹盒中空，有哨孔，旋转发声，中柱腰细，可缠绳抖动产生旋转。玩的人双手各拿两根两尺长的小竹棍，顶端都系一根长约五尺的棉线绳，绕线轴一圈或两圈，一手提一手送，不断抖动，加速旋转时，铃便发出鸣声。抖动时姿势多变，绳索翻花，表演出串绕、抡高、对扔、过桥等动作，称作"鸡上架""仙人跳""满天飞""放捻转"等。

民国时期的杂耍艺人们在原有花样的基础上，又创作出许多新的花样和高难技巧，表演时与优美的舞姿和动听的伴奏音乐融为一体，更提高了人们的审美情趣。当年老上海弄堂里过年，孩子们除了放鞭炮外的最大乐事当属扯铃。上海人说的"扯铃"，也叫"扯响铃"，孩子们最喜欢的应该是响铃扯动旋转时产生的鸣叫声，像飞机飞行的声音，可以传得很远。每逢新春佳节，老城隍庙的玩具摊主都备足了各色响铃，有些店家还会特制一只巨大的响铃悬在店门口，以吸引路人。有时到了岁末年底，也会有走街串巷的小贩，挑着装满响铃的担子叫卖，人尚未到弄堂口，孩童们早已闻得嗡嗡作响的扯铃声。新年里小伙伴们放炮仗，扯响铃。弄堂口外响铃的轰鸣声此起彼伏。

扯铃在发展过程中，艺人们不仅表演抖传统的车轮式双头空竹，又设计出陀螺式的单头空竹，而且还可以把茶壶盖、小花瓶等器物作为抖弄的道具进行表演。抖空竹的动作，看上去似乎是很简单的上肢运动，其实它是全身的运动，要靠四肢的巧妙配合完成，常见的要酷是把铃高抛，落下接住再扯。扯铃调动了全身的运动，可以促进人的协调能力，抖空竹时，精神要高度集中，双眼和脑神经在抖空竹的过程中会不断受到锻炼和提高，尤其是在蓝天白云下眼球不停地转动，这能起到提高视力的作用，可以把扯铃比作保健体操。

▲ 1946 年春节期间的上海，一处小人书摊前，男子在玩扯铃

▲ 过去春节期间的上海街头，扯铃摊上的表演总是很吸引人

▲ 20 世纪 40 年代上海新春即景，街头的扯铃摊，很受孩子们欢迎

扯铃是一项独具特色、历史悠久的民间体育形式，简便易行，丰富了生活，也培养了人的勇敢机智性格，构成城市生活一道独特的风景。

尽放风筝插杏花

——风筝放飞

“故乡的风筝时节，是春二月，倘听到沙沙的风轮声，仰头便能看见一个淡墨色的蟹风筝或嫩蓝色的娱（蜈）蚣风筝。……但此时地上的杨柳已经发芽，早的山桃也都吐蕾，和孩子们天上的点缀相照应；打成一片春日的温和。”这是鲁迅在《风筝》一文中对江南乡村放风筝时节的描写。确实，在气候宜人的春秋佳日，云淡风轻，人们到郊外旷野去放飞各种各样的风筝，眼看它随风扶摇，高入云霄，不仅是一件赏心乐事，也是一项有益于身心健康的娱乐活动。

过去苏南地区一直流传这样的民谣：“正月鹞，二月鹞，三月放只断线鹞”，这句民谣很有意思，说的是清明节当天，有一个意趣盎然的传统习俗，那就是要放只断线风筝，只要把烦恼或者不愉快的心事写在风筝上，然后把线剪断，让风筝随风翩翩起舞，飞得很高很远，那么这一年都会顺顺利利，平平安安。按照江南的时序，一般是春放风筝、夏日赏荷、秋斗蟋蟀、冬作诗会，清代著名文学家曹雪芹，不仅是制作风筝的高手，而且撰有风筝专著《南鹞北鸢考工志》。该书集风筝制作扎、糊、绘、放四艺之大成，是历代制作风筝丰富经验的总结。

清代中叶，北方的风筝很有名，江南也出现了依靠制作风筝为生的手工艺人和出售风筝的店铺。风筝成为商品进入市场，既是民间玩具，又是工艺美术品。风筝的制作有三个环节，即扎、糊、绘。扎，就是竹架子的捆扎。要选配好竹子，大风筝架子要粗、硬，小风筝的竹子要细、软，挡风面一定要做到均衡列称，上边的一根竹条，要比下边的一根硬一些，相对两端的竹条强弱要一致。糊，把适宜的纸（也有用绢的）糊在竹架子上，其技巧在于平整，要求松紧适度，对称的部位必须一致，出兜部位的深度更要相同。绘，在糊好的风筝上绘画装饰。一种办法是先印后画，另一种是糊好了以后再画，较高级的风筝都取后一种办法。

▲ 1935 年上海民众教育馆举办市民风筝赛，图为参赛的儿童

风筝的形状可以是人物花卉，也可以是禽兽鱼虫、器皿物具；天地人间万物，无一不可绘制在风筝上。花样品种繁多的风筝，从构造上分组有硬翅、软翅、拍子、直串、平挑、筒形等几类，而主要的是硬翅、软翅两大类。“硬翅”类的骨架是整体结构，翅和头部是连接在一起的。这种风筝在强风中能升得很高，断了线能飘得很远。

▲ 20 世纪 30 年代湖州乡下放风筝的孩子

风筝，是一种游艺娱乐民俗事象，它本身也传承着民俗文化的多种主题。表现在风筝的题材和扎制绘画方面，如：龙风筝、凤风筝、仙鹤风筝、孔雀风筝、鹰风筝、燕子风筝、鸳鸯风筝、蝴蝶风筝、麒麟风筝、狮子风筝、十二生肖风筝……在传统风筝中，关于神话、鬼魂、神灵的风筝很多，有麻姑献寿、麻姑骑凤、八仙过海、魁星点状元、寿星、哪吒闹海、天女散花、嫦娥奔月、鲤鱼跳龙

▲ 1935 年上海民众教育馆举办市民风筝赛上的大螃蟹风筝

▲ 20 世纪 40 年代江南集市中常见的卖风筝的玩具摊

▲ 20 世纪 40 年代新年里，卖风筝的年轻小贩

门、钟馗、刘海戏金蟾、雷震子等。这些风筝，或取材于祖灵信仰中的神灵、鬼魂，或取材于与祖灵信仰有联系的神话，或取材于民间传说故事，无不与民俗和民间的信仰紧密相关。

清代江南文人卢见曾《陈公堤》诗云：“负郭萧条未解嗟，儿郎谁似见繁华。陈堤七里游春路，尽放风筝插杏花。”意思是城郭附近虽然有些萧条，但也不必为此嗟叹，年轻的儿郎们谁曾见过这样的繁华景象。长达七里的陈公堤，给人以空间上的广阔感，“尽放风筝插杏花”，放风筝的人众多，场面热闹，充满了活力与欢乐。杏花是春天的象征，人们插戴杏花，既表达了对春天的喜爱，也让画面更加富有生活气息和美感，展现了人们在春日里享受生活、融入自然的美好状态。人们尽情地放风筝、插杏花，充满了春日的生机与活力，杏花与风筝相互映衬，体现了富有江南的生活气息和春日的美好氛围。正如一首古诗所云：“两手托空理三焦，左右开弓如射雕。树动根定任风摇，气贯长虹心火消。”春天里放风筝，不仅可赏心悦目，陶冶情操，而且可迎天顺气，祛病健身，真乃天下一大乐事也。

对河车马夜枰棋

——手谈对弈

生活中，琴棋书画，历来为雅士所好。下围棋，有个文雅的说法叫“手谈”，下象棋，通常叫“对弈”，“弈”在古代就有下棋的意思，表示两人相对而坐进行棋类比赛，突出了双方在棋盘上的对抗与较量。象棋和围棋都有着悠久的历史和丰富的文化内涵，清人尤侗说：“试观一十九行，胜读二十四史。”围棋十九道的棋盘，成了文人政客、风流人物的练兵场、试金石。茶余饭后下一盘棋，清醒头脑，陶冶情操，其乐无穷。古今有不少名人喜欢下棋，尤其是下围棋，留下了许多有趣的轶事。宋人钱时《夜观汝溪二侄象棋四首》其一：“对河车马夜枰棋，活路经营尽入思。虑患谋身每如许，不应容易落便宜。”这首诗通过描写侄子下象棋时的思考和经营，引申到为人处世中要有深谋远虑，不能轻易让自己陷入不利局面。

▲ 清末两位富家子弟在下中国象棋

▲ 清末在下棋的两个男子

人生如棋，棋如人生。数千年来，围棋和象棋的博弈，是一种艺术，是一种境界，也是一种精神。它们早已超越了单纯的博弈之道，成了中国传统历史文化传承的介质，棋类活动，特别是围棋和象棋，通过下棋放松身心，缓解压力，享受对弈带来的乐趣。下棋需要思考、计算、分析和判断，有助于锻炼人们的逻辑思维、专注力、记忆力和创造力，提高智力水平。

棋类活动为人们提供了一个社交的平台，让不同年龄、性别、职业的人能够相聚在一起，交流切磋，增进彼此的友谊和沟通能力。陈毅元帅爱下棋，是众所周知的。他不但爱下象棋，而且还擅长下围棋。1941年1月皖南事变爆发后，中央决定重建新四军军部，由陈毅担任代军长。1946年1月，中央决定将新四军和山东军区合并，统一领导山东和华中的中国共产党部队，陈毅担任新四军军长兼山东军区司令员。相传陈毅曾经三下茅山恭请精通医道的辛三仙为新四军伤员治伤。第三次见面后，陈毅先不谈治伤，只说与他下几盘象棋。此举正合辛大医所愿，因为大医平生就好下棋。开局之后，陈毅故意让棋，呈现败局。这时他突然问道：“辛老，当初制造象棋时，为何只准双方将士阵亡，而不准他们治愈后重返战场呢？”说罢，还口吟一副“棋联”：“棋盘对战，无残则亡，败势无挽回；神州交真，有伤即治，胜局有指望。”辛三仙听了陈毅的话，深为感动，也明白了陈毅所指的意思，立即随陈毅下山。后来辛三仙治愈了许多新四军伤员，使他们重返前线杀敌。

民国文人梁实秋祖籍浙江余杭，赴美留学。1924年辗转到上海

▲ 1940 年上海人行道上摆藤椅棋盘，两个男子在对弈

▲ 1934 年，路边的棋摊

▲ 20 世纪 30 年代，马路边的中国象棋棋手

编辑《时事新报》副刊《青光》谋职，同时他还与张禹九合编《苦茶》杂志。不久任暨南大学教授。他曾经说过一则下棋的趣事：两友下棋，忽闻警报声起，两人不动声色，俄而弹落，棋子被震得在棋盘上弹跳，外面烟尘四起，屋瓦乱飞，其中一个棋瘾较小者变色而起，被对方一把拽住："你走！那就算你输了。"可见棋瘾大者已经为了下棋的输赢而置生死于不顾了。还是这个梁实秋说的故事，说有两个下棋的人，久而不闻其声，好事者排闼而视，阒不见人。原来两位棋手在门后扭作一团，一人骑在另一人身上，夺命般在他口里挖棋子。被挖者不敢出声，口张则子可能被挖回，挖回则必悔棋，悔棋则必不得胜。为不使对方悔棋，这位趴在地上的老兄便死死噙住棋子而不松口，不让挖走。为了一盘棋的输赢，两人竟斯文尽失，也是闹出了笑话。

《闲情偶寄》里说："弈棋不如观棋，因观者无得失心。"例如，观棋不语是看下棋时的一个不成文的准则，"观棋不语真君子，落子无悔大丈夫"。观棋不语，最初是从围棋来的。围棋的黑白两色，象征着日月，表示阴阳二气。棋子的圆形模拟浑圆的天象穹苍，棋盘四角比喻地象的四方。纵横各19条线，交织成361个棋位，这是农历一年的天数。棋盘中间有9个星点叫作势眼，表示9大行星。棋盘长1尺2寸，表示12个月。白子表示白昼，黑子表示黑夜；黑子先走，表示一天从半夜的子时开始。黑白相对，表示阴阳应对之气；阴阳对应时不得混入他物。因此下围棋时不许旁观者插嘴。

看人下棋，按说云淡风轻，坐山观虎斗，无关己事。然而事实不然，观者绝非置身事外，观棋不语，憋在心里难受，几乎就是痛苦。清人笔记，说两人对弈，旁观者多嘴，弈者大怒，掌掴之，其人痛极却步，右手摩脸，左手犹遥指曰：“还不叉士！”挨了巴掌，抚着热辣辣的脸，妙在还是不肯住嘴，其情可怜可叹！

抟粉范泥夺化工

——泥塑耍货

风行国内外的无锡泥塑玩具“大阿福”，天庭饱满，面容圆润，善目大耳，形体丰腴，慈悲吉祥如佛；头戴牡丹花，身穿五福衣，胸佩长命锁，脚蹬粉底靴，福禄寿禧在身；还有那意味深长永恒的微

▲ 1922 年 3 月 9 日，上海街头打小锣卖泥玩具的小贩和拉黄包车的人力车夫

笑，仿佛蕴含着洞悉人间万象的博大情怀。它是无锡传统民间彩塑艺术品惠山泥人的典型代表，将惠山泥人圆润精细的江南神韵集于一身，向人们展现着由泥土的芬芳和艺人的神工交融而成的华彩。

▲ 无锡泥人大阿福，一个胖墩墩的儿童团坐，手捧驯服的温顺猛兽，朝着人们甜甜地微笑，一副孩子气，一脸福相惹人喜爱

江南地区，人杰地灵，民间手工艺发达。民国时期，无锡惠山几乎家家户户都会做泥塑，自古就有“家家善塑，户户会彩”。逢年过节的时候，他们会在市集上摆个小摊子，叫卖着自家做的泥塑。1935年，当时的手工匠人再次对泥塑的制作工艺进行革新，创造性地将石膏像的创作技巧与惠山泥塑结合起来，让惠山泥塑可大批量地制造，推动惠山泥塑转入了全新的发展时期。全民族抗日战争时期，无锡失守，无锡泥塑的传承和转型一度转入了低潮期。艺人的生活都已成了难题，还有哪门子心思做泥塑。原本投身这个产业的泥塑匠人们，十有八九都改了行，只有少数一部分在零散创作。

无锡惠北的彩色泥塑人像，创始于明代，发达于清代，有400多年的历史。无锡惠山泥人分粗货与细货两类，粗货大多以喜庆吉祥题材为表现内容，如大阿福、蚕猫、老寿星、渔翁等，寄托着民间祈求祥瑞、辟邪纳福、丰衣足食的美好愿望；细货即手捏泥人，这类作品主要取材于传统的戏曲人物、神话传说、民风民俗，人物塑画生动传神，色彩色调秀丽明隽。

苏州的“耍货”即泥玩具，又可称为“土仪”，品种繁多，形态多样，带有浓厚的市井气息。苏州的泥塑小品也是在明清时期发展成熟，选取民俗生活、戏文故事和民间人物作为主要表现题材，包含耍货、捏像、手捏戏文及绢衣泥人等，具有造型率真、色彩明快、纹样富丽的艺术特征和鲜明的地域风格，以泥塑形式展现了苏州市井百态，生气毕现。苏州“耍货”也成为市场上的抢手货。头等泥货在虎丘山门内出售，以泥美人、泥婴孩及人物故事为题，高只三五寸，色泽鲜艳，做工精良，多用于室内陈设或馈赠礼品。次等泥玩具在山塘街出售，有泥佛、泥花、泥兽、泥制不倒翁等精粗不等的泥塑玩具。清人汪士煌在《妙手塑真诗》中写道："抟粉范泥夺化工，写真不用鹅溪绢。"对苏州耍货泥塑产品评价很高。

这些泥塑玩具充分吸收了中国传统绘画、地方戏曲以及其他民间艺术样式，强调泥人要神气"活"现，要有如闻其声、如见其面、如对其人的生动性，从而实现传神写意的艺术效果。惠山泥人所表现的题材内容大都来源于民间现实生活，惠山的寺庙、园林、祠堂、街坊和戏文、雕刻、庙会、香会以及京杭大运河和两岸的"米市"，都对泥人的艺术特色和商品生产产生过特殊而广泛的深刻影响。

▲ 民国时期苏州的泥塑手艺人，为修复庙宇宫殿准备的各种泥塑制品

▲ 20 世纪 30 年代上海马路上的"套圈"，基本上都摆放着泥塑耍货或石膏制品玩具

在社会生活中，江南泥塑玩具作为玩具发挥了重要的作用。有的以神话传说中的人物为原型，有的模仿动物形象，还有的展现了日常生活中的场景和人物。这些形象充满了童真和趣味，能够吸引孩子们的注意力。温文尔雅的江南戏曲也使惠山泥人和苏州耍货具有了造型传神圆润，色彩饱和鲜亮，亮而不艳，雅而不俗的江南戏曲情调。可以说，江南的风土促成了泥人玩具由俗而雅，大俗大雅，艳而不腻的地方特色。

民间泥塑玩具具有一定的艺术欣赏价值，成为民间艺术的代表之一，丰富了人们的精神文化生活。它们是儿童娱乐和消遣的

▲ 20 世纪 40 年代走街串巷的小贩，常常以泥玩具与顾客以物换物

重要玩具，给孩子们带来欢乐和陪伴。孩子们可以通过摆弄、玩耍这些泥塑玩具，发挥想象力和创造力，进行角色扮演等游戏，它既有民间艺术所共有的普遍特征，又有自己特定的文化内涵。它不仅是一种娱乐的玩具，更是民俗文化精神的载体，是民俗生活方式的活化石。通过这些玩具，民间的故事、传说、价值观等得以在孩子中间传播和传承。江南泥塑玩具在一定程度上促进了当地经济的发展。制作和销售泥塑玩具为一些手工艺人提供了生计，也带动了相关产业的发展。

民国时期，尽管受到西方玩具的猛烈冲击，但江南泥塑玩具依然保持着其独特的魅力，传承着中华文化的精气神。

图书在版编目(CIP)数据

江南风俗图录. 第7卷，闲暇趣玩 / 仲富兰著. 上海 ：上海辞书出版社，2025. -- ISBN 978-7-5326-6324-8

Ⅰ. K892.45-64 ；G249.29-49

中国国家版本馆 CIP 数据核字第 2025M1D350 号

“十四五”国家重点出版物出版规划项目
国家出版基金资助项目
上海文化发展基金会图书出版专项基金资助项目

江南风俗图录·第7卷·闲暇趣玩

仲富兰　著

策划统筹　朱志凌
责任编辑　朱志凌
特约编辑　钱　琼
责任校对　左钟亮
技术编辑　楼微雯
整体设计　零贰壹肆设计工作室
题　　签　邓　明
篆　　刻　潘方尔
英文翻译　唐玥芳
英文校译　秦　悦
图　　片　均由作者提供

出版发行　上海世纪出版集团
上海辞书出版社®(www.cishu.com.cn)
地　　址　上海市闵行区号景路159弄B座(邮政编码：201101)
印　　刷　南京爱德印刷有限公司
开　　本　787毫米×1092毫米　1/16
印　　张　17　插页5
字　　数　330 000
版　　次　2025年10月第1版　2025年10月第1次印刷
书　　号　ISBN 978-7-5326-6324-8/K·1282
定　　价　128.00元

《江南风俗图录（1840—1949）》（全十卷）

“十四五”国家重点出版物出版规划项目、国家出版基金资助项目《江南风俗图录（1840—1949）》（全十卷）立足近代风俗史与图像史研究的交叉领域，系统梳理百年间江南民间生活形态、民间文化传承及社会变迁轨迹，通过动态视角深入研究最普通、最普遍的民间日常生活的历史演进。作者仲富兰教授整合数十年积累和研究的图像史料，以图史互证为方法论，辅以大量民间竹枝词等风土纪事文献，全景式记录了近代中国社会生活的转型历程与多元民俗风貌，生动再现了市井生活的烟火气息。全书按风味饮食、服饰冠履、民居建筑、行旅交通、生产商贸、文教卫生、娱艺体育、人生礼仪、岁时乡情、生活信仰等主题分卷编纂。

全书辑录3 200余幅珍贵老照片、民俗画作等历史影像，以图像叙事为经，以风俗流变为纬，构建起一部立体化、可视化的江南民俗图谱。这些泛黄的影像既凝固了百年市井生活的瞬间，又以细腻笔触还原传统节庆场景，使读者得以直观把握江南地区岁时习俗、衣食住行、婚丧嫁娶等民俗的演化轨迹，较之纯文字叙事更具现场感染力。编纂体例上独创性地穿插历代江南竹枝词，实现朗朗上口的诗词文本与风俗史事互为映照。譬如以“妾在船头偷看郎，郎骑白马好风光”的竹枝词解读江南婚俗，既赋予学术论述以诗意美感，又通过民间话语补足了历史细节，使宏大叙事浸润日常肌理，彰显日常生活的本真状态。

从学术层面看，《江南风俗图录》突破了传统风俗史研究单一的文字叙述模式，开创了“图像+文献+文学”多元互证的研究范式，为我国地域民俗文化研究提供了新的方法，堪称融民俗文化、社会史、视觉文化研究于一体的江南民俗文化图谱，兼具学术开拓性与出版稀缺性价值。无论学术研究者、文化从业者或普通读者，都能从中领略江南千年文脉的深厚底蕴与独特审美。

《江南风俗图录 · 第 1 卷 · 饭稻羹鱼》

《江南风俗图录 · 第 2 卷 · 衣香鬓影》

《江南风俗图录 · 第 3 卷 · 深巷低窗》

《江南风俗图录 · 第 4 卷 · 车动马喧》

《江南风俗图录 · 第 5 卷 · 市井食货》

《江南风俗图录 · 第 6 卷 · 春生弦诵》

《江南风俗图录 · 第 7 卷 · 闲暇趣玩》

《江南风俗图录 · 第 8 卷 · 礼敬人生》

《江南风俗图录 · 第 9 卷 · 岁时乡愁》

《江南风俗图录 · 第10卷 · 春祈秋报》